ブックレット〈書物をひらく〉19

御簾の下からこぼれ出る装束

王朝物語絵と女性の空間

JN134323

赤澤真理

平凡社

御簾の下からこぼれ出る装束——王朝物語絵と女性の空間［目次］

図1　「源氏物語絵巻」竹河二（徳川美術館蔵）

一▶打出とは何か

御簾の下からこぼれ出た女性の装束

王朝物語絵に描かれた天皇や貴族の邸宅、あるいは、寺社縁起絵巻の仏事の聴聞所などの外周に、女装束《おんなしょうぞく》や几帳《きちょう》▲の布がこぼれ出ていることがある。これはいったい、どういうものだろうか。

十二世紀前半、白河院（在位一〇八六～一一二九年）、鳥羽院（在位一一二九～五六年）の頃に宮廷を中心に制作された国宝「源氏物語絵巻」をみてみよう（図1）。庭に桜の花が咲き、姫君たちが碁を打つ場面が描かれている。蔵人《くろうど》少将は、その様子を御簾《みす》▲の隙間から垣間《かいま》みている。碁を打つ女君たちの空間は御簾が巻き上がり、色の重なる袖口《そでぐち》が外に出されている。袖口の色合いは、かさねの色目という。植物染料で染められ、季節にふさわしい彩りが演出された。

袖口の重なりを大きく御簾の外に出したものをみていこう。

「駒競行幸絵巻《こまくらべぎょうこうえまき》」（和泉市久保惣記念美術館蔵）は、万寿元年（一〇二四）九

几帳　寝殿造の調度とする移動用障屏具の一種。台の上に二本の柱を立てその柱の上に一本の横木を渡し、その横木に布帛《ふはく》を縦矧《たてはぎ》にした帳をかける。

御簾　特に、宮殿・神殿などに用いるすだれ。

月十九日に藤原頼通《よりみち》の邸、高陽院で催された競馬を主題としている（図2）。寝殿内には天皇と東宮が着座している。寝殿の左側に一間《いっけん》、几帳だけが出されている柱間《はしらま》と八具の女房装束が描かれている。国母《こくも》である上東門院彰子《しょうし》とその女房が着座している。

邸宅の外周に、女性の装束を打ち出《い》だす。これは、場の演出のひとつであり、中世において「打出《うちいで》」と呼ばれていた。晴れやかな行事で、装束の褄《つま》と袖口をみせることを「打出」、日常生活で袖口だけをみせるのを「押出《おしいで》」といった。日常生活において、女性が着用した装束を出すことは、「出衣《いだしぎぬ》」と呼ばれていた。当初は実際に女房が着用していたものが、次第に人が不在の置物の装飾へと変化した。

本書は、王朝物語絵に示された、建築空間から出された女性の装束に着目する。物語絵に表現されたひとつの装束に、当時における女性の空間への理解やまなざしを読み解いていきたい。

王朝物語絵の建築空間

私は建築の歴史を専攻しており、物語絵に示された建築空間に注目している。

従来、建築の歴史を研究する際に、物語絵は、建築遺構の補足的な史料として扱

図2 「駒競行幸絵巻」(和泉市久保惣記念美術館蔵)

われることが多かった。なかでも、寺社の縁起を描いた寺社縁起絵巻、都市を描いた都市図屏風に表現された建築は、現実に存在した建築の史料として活用されてきた。

しかしながら、虚構の建築を題材とした物語絵は、十二世紀に制作された、現存する最も古い国宝「源氏物語絵巻」こそ注目されるものの、物語絵全般が建築歴史の史料として正面から研究対象にされることは少なかった。たしかに、物語絵に描かれた建築は、物語という虚構の世界を題材とする。そのため、かつてあった特定の建築の姿を、そこにそのまま正確に読み取ることはむずかしい。

しかしながら私は、物語絵には人々が建築空間にこめた知識や感覚などが表現されていると考えている。天皇の邸宅の格式、高貴な斎宮の部屋、田舎のひなびた家、当時の考証学《こうしょうがく》の水準……、私たちは、絵画のなかの建築をみるとき、すでに、登場人物の身分、家が建てられた場所、暮らしぶりを、何気なく感じ取っている。

絵のなかで、御簾の下から女性の装束や几帳が出されている。すると鑑賞者は、御簾の内には女性がすわっているもの、と認識する。しかし、本当にそうなのだろうか。御簾の内には、誰がすわってい

図3　「源氏物語絵巻」絵合（浮田一蕙筆、国文学研究資料館蔵）

たのだろうか。御簾の下から出された装束には、当時の人々のどのような感覚がこめられているのだろうか。

聖なる存在を暗示させるもの

日本の絵画には、天皇や将軍といった権威ある人物を、御簾・樹木・傘などで隠し、重要な人物であることを暗示させる表現手法がある（図3）。本書が注目する女性の装束も、そのひとつである。三十六歌仙絵に示される斎宮女御《さいぐうにょうご》は、その姿を描かず、几帳からこぼれ出た装束によって、自らの高貴さ、奥ゆかしさを示している（図4）。

目の前に存在する物で、不在の存在を暗示させる方法は、世界においても広くみられる。宗教の空間では、神社の鳥居やしめなわが聖域を示し、段階的に聖なる空間に入っていくための装置となっている。茶道の空間では、茶室の門、路地、にじり口へと、非日常の空間へと誘導される。西洋の教会堂の祭壇やステンドグラスは、神の存在を表している。

このなかで、女性の装束による空間演出は、世界においてもめずらしい。装束による演出は、日本における古代・中世の住空間を背景に生み出されたものだと、私は考えている。

日本の建築空間における境界

建築史家・伊藤ていじは、日本における古来の空間デザインのなかで、「結界」に注目している。仏堂における、仏像が安置される空間（内陣）と人が拝む空間（外陣）を仕切る格子《こうし》、商家における接客空間と帳場を仕切る衝立《ついたて》、混浴の男風呂と女風呂を分ける一本のロープなどを事例にして、空間に置かれた「物」を結界にすることで、たちまちに空間の性格を二つに分けることができると指摘している。そして伊藤は、御簾の外に出された装束を、「女性が自らの存在を暗示する作法」として紹介している。

図４　「三十六歌仙 斎宮女御」（京都文化博物館開館記念ポスター）

民俗学者・垂水稔は、日本の結界について、のぞきみることを許しながら、のぞきみてはいけないとする表示であり、受動的にみることはできるが、能動的にみてはいけない、としている。そのうえで、御簾の外に出された装束は、「のぞかせる」意味のある結界としてとりあげている。

伊藤や垂水の見解をふまえれば、御簾の下から出された装束は、女性たちが自らの存在を暗示し、のぞかせる意味がこめられているのだろうか。
なぜ女性たちは、装束を外にのぞかせる必要があったのだろうか。

打出の内と外

平安時代末期の有職故実書《ゆうそくこじつしょ》『雅亮装束抄《まさすけしょうぞくしょう》』▲には、「打出」の項目がある。公家の源雅亮が設置した打出の秘訣が書かれている。

一間《いっけん》に二具を出す。まず片方の袴《はかま》を引き出して、衣の前と単《ひとえ》を合わせて出す。道などには長く出さない。広廂《ひろびさし》においては、すこしゆったりと置く。衣二具が間《ま》を広くとる。あいだが広くて、几帳を広く見せるのが上手である。あいだが狭くて、几帳がしおしおと少なくみえるのが不格好である。「姿良き女房の柱の際《きわ》に居て片身を押し出したると見ゆべきなり」。

姿がきれいな女房が、柱の横にいて、身体の片側▲を出しているようにみせる。打出は、「人が着用した装束」ではなく、「着用したかのようにみせている装束」であった。二人の女性が向かい合って、身体の片側だけを出している状態である。
この状態を描いたものに、「紫式部日記絵巻」日野原家本の打出の描写がある。

『雅亮装束抄』 『満佐須計装束抄』ともいう。平安時代最末期の有職故実書。三巻。源雅亮著。安元二年（一一七六）以降、寿永三年（一一八四）以前の成立。種々の装束に関する解説や心得を、仮名書きで詳細に述べる。仮名装束抄。

片側 『枕草子』には、「片側の裄丈《ゆきたけ》が特に長い人こそ、にくけれど」とあり、片側の装束を長くすることがあった（三田村雅子氏のご教示による）。

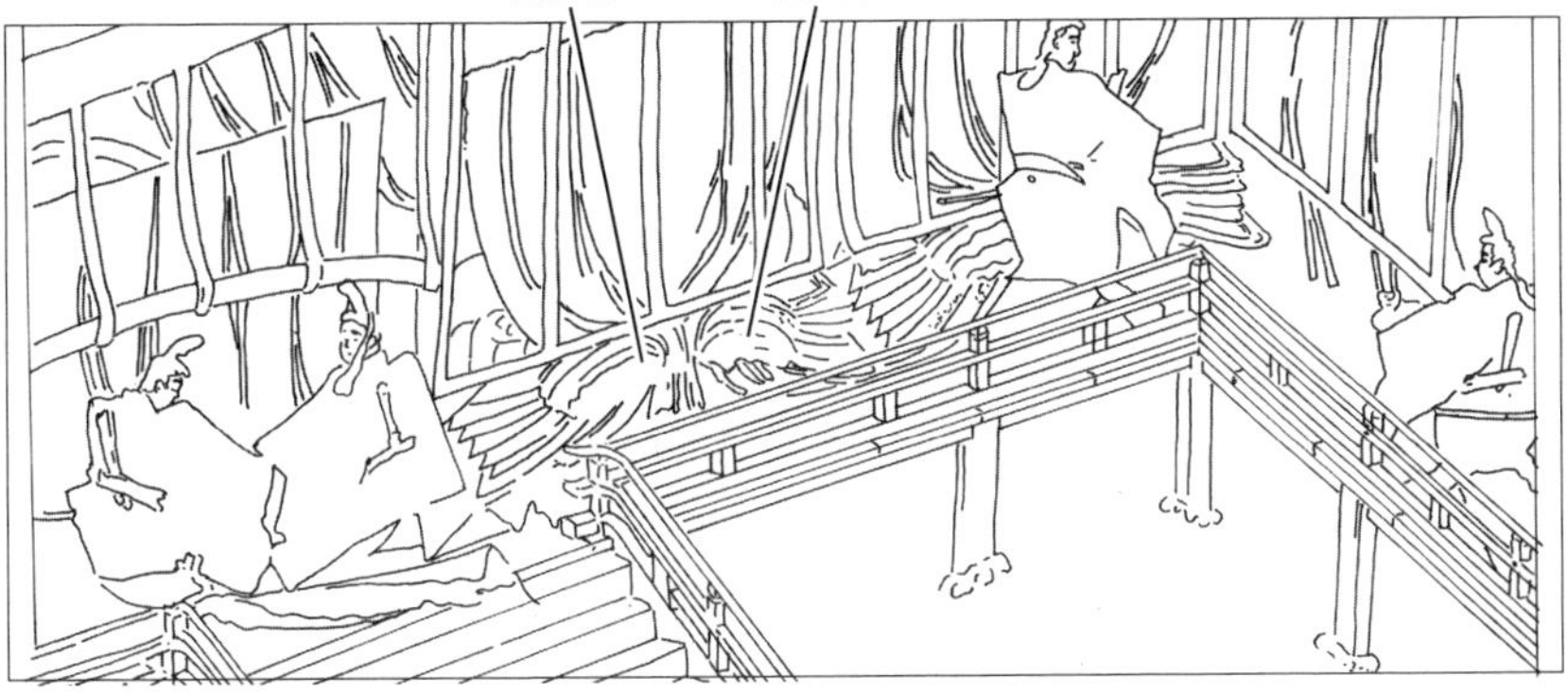

図5　「紫式部日記絵巻」（日野原家本）

五節《ごせち》の舞姫の舞が終わった、五節所の饗宴の、柱間二間に打出がなされ、左側が紫薄様、右側が萌黄様《もえぎ》となっている（図5）。打出は、絵巻物に描かれた様子だと、外側しかみえない。しかし、室内側においても装飾がなされていたのである。

打出について、さらに詳しく知るために、平安時代末期の歴史物語『今鏡』の説話を読んでみよう。

白河院が雪見のために、小野に住まう皇太后藤原歓子《かんし》を訪問することになった。急な訪問であったために、歓子は、院へのもてなしのための打出の装束が足りないことに気がついた。そこで、歓子は、機転をきかせた。装束の背を切り、十具を二十具にして、殿舎の外側だけを装飾した。女房は、打出が室内側にないので、昇殿した際に、見苦しいことにならないだろうか、と心配する。その後、御幸があった。院は昇殿しなかった。

歓子は、「雪見に来て、邸に昇る人はいない」と女房に話したという。

白河院の来訪にあわてる女房たちに対して、歓子の機転を賛美した説話で

図６　「小野雪見御幸絵巻」（東京藝術大学美術館蔵）

置口　女房の衣服の袖口、裳《も》の腰などを縁どりして、金銀などで飾ること。また、そのふち。

ある。この話によると、打出は、室内と室外の境界に置かれ、両方の空間を装飾していた。この話は、十三世紀後半に制作された「小野《おの》雪見《ゆきみ》御幸《ごこう》絵巻《えまき》」（東京藝術大学美術館蔵）に絵画化されている（図６）。寝殿の階《きざはし》を除いた柱間に、装束が出されている様子が描かれている。

絵画に描かれた打出は、邸の外側だけを飾るため、一見すると打出は外側だけに出されたものだと考えられがちである。しかし、邸の内側をも装飾していた。参考に、風俗博物館（京都市）が再現した打出の図を掲載しておこう（図７）。

打出の意匠と意味

打出は、中央に几帳を立て、女房装束の袿《うちき》を重ねて置いた。『中右記《ちゅうゆうき》』などの古記録には、蘇芳衣《すおうごろも》・紅梅《こうばい》衣・桜衣・萌黄匂《もえぎにおい》・柳・冬薄様《ふゆうすよう》・瞿麦《なでしこ》などの四季にまつわる意匠がみられる。中宮御産の第三夜などの際には、打出は白で統一された。『栄花物語』には、袖口に、花の織枝《おりえだ》・葉、鏡・銀・黄金の置口《おきくち》▲、螺鈿《らでん》などが縫いつけられた豪華なものがみられる。

『女房装束打出押出之事』（宮内庁書陵部蔵）は、中世の古記録から、さまざまな打出の用例を引いている。女院、姫宮、斎院の打出はどのようなものだったのか。袴を出さない例は何か、四具の色目がそれぞれ異なる色、六具あるいは八具

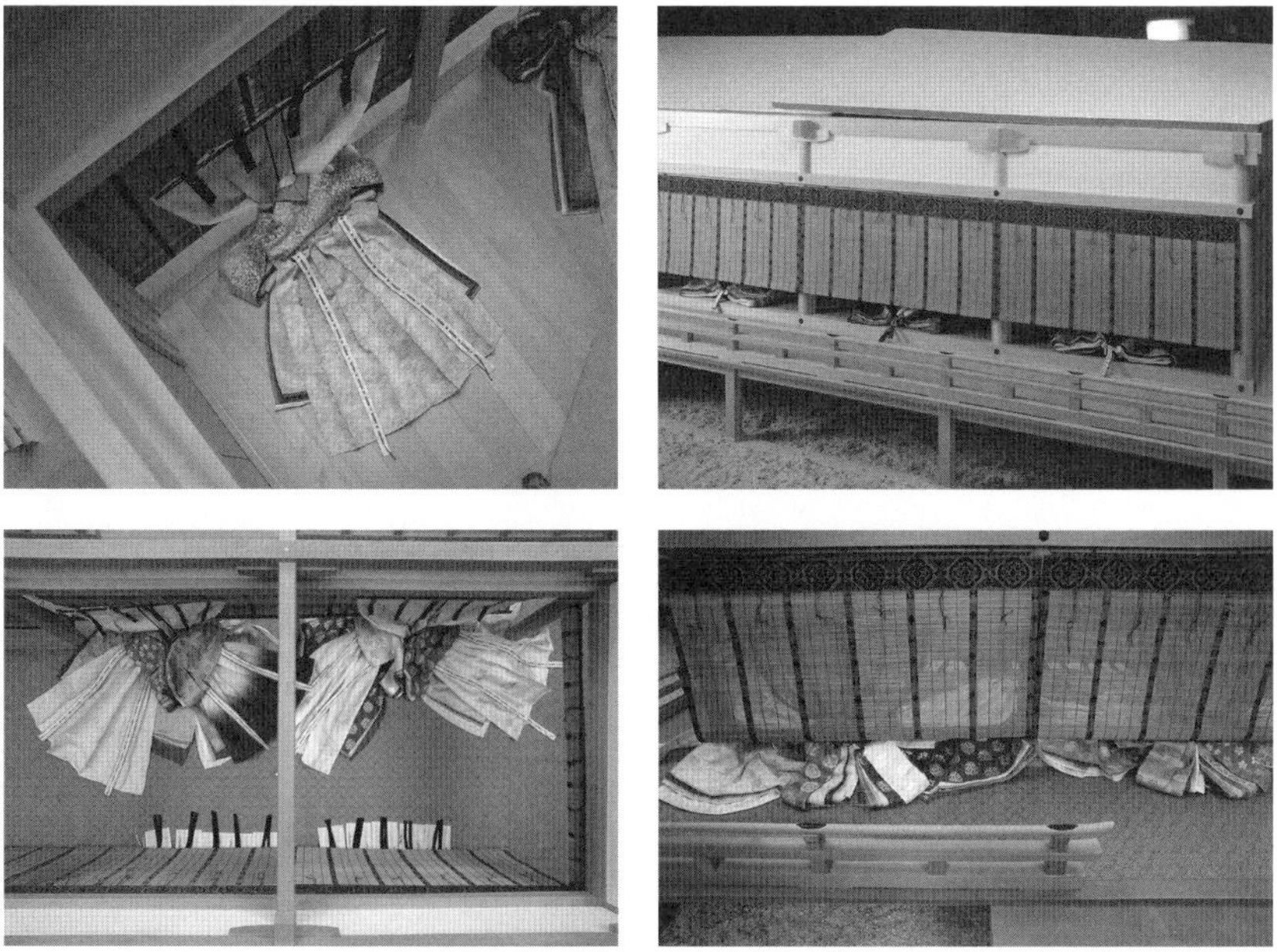

図７　風俗博物館における打出の再現（上：１間に１具、下：１間に２具）

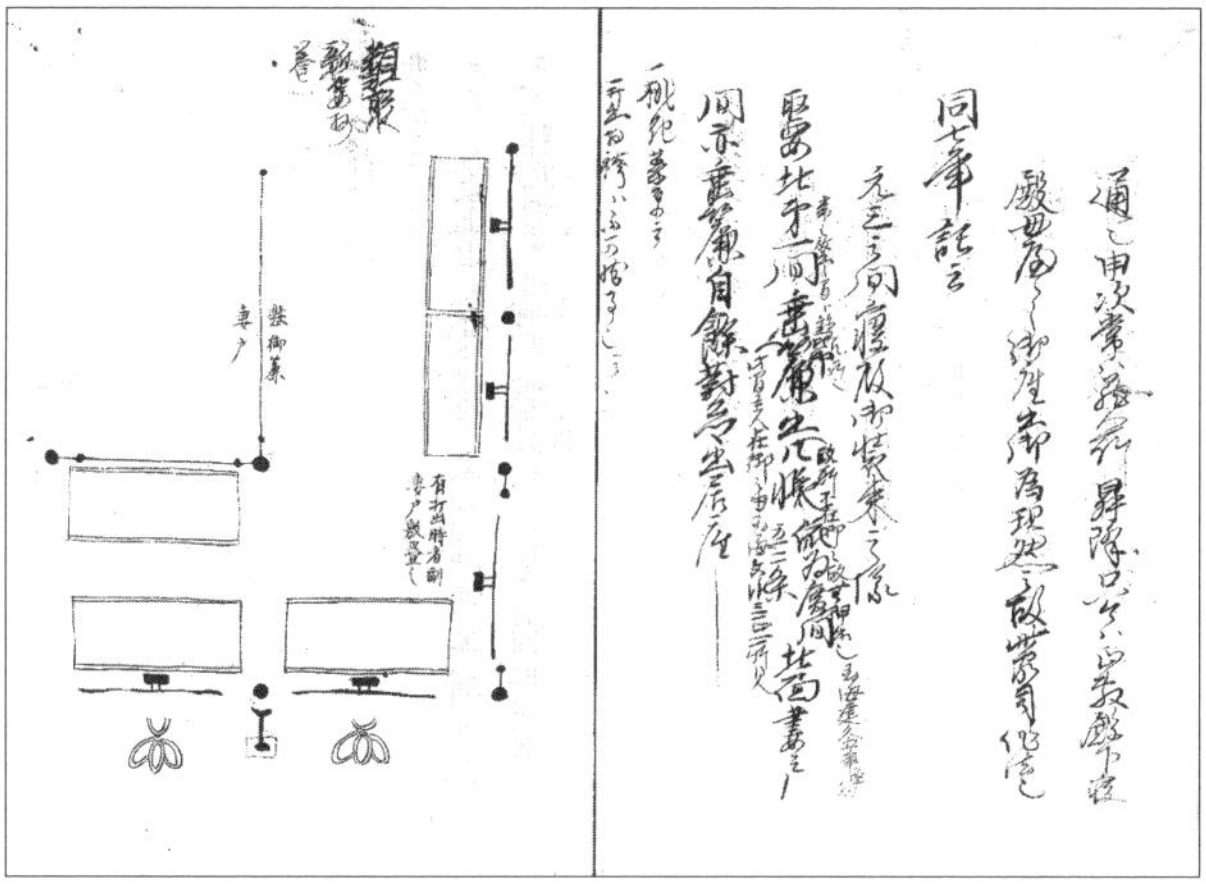

図８　『女房装束打出押出之事』（宮内庁書陵部蔵）

が同じ色、華美な打出、打出がないときなどの用例を詳しく集めている（図８）。

打出を置くことには、どのような意味があったのだろうか。打出は、院の訪問に対する、おもてなしの飾

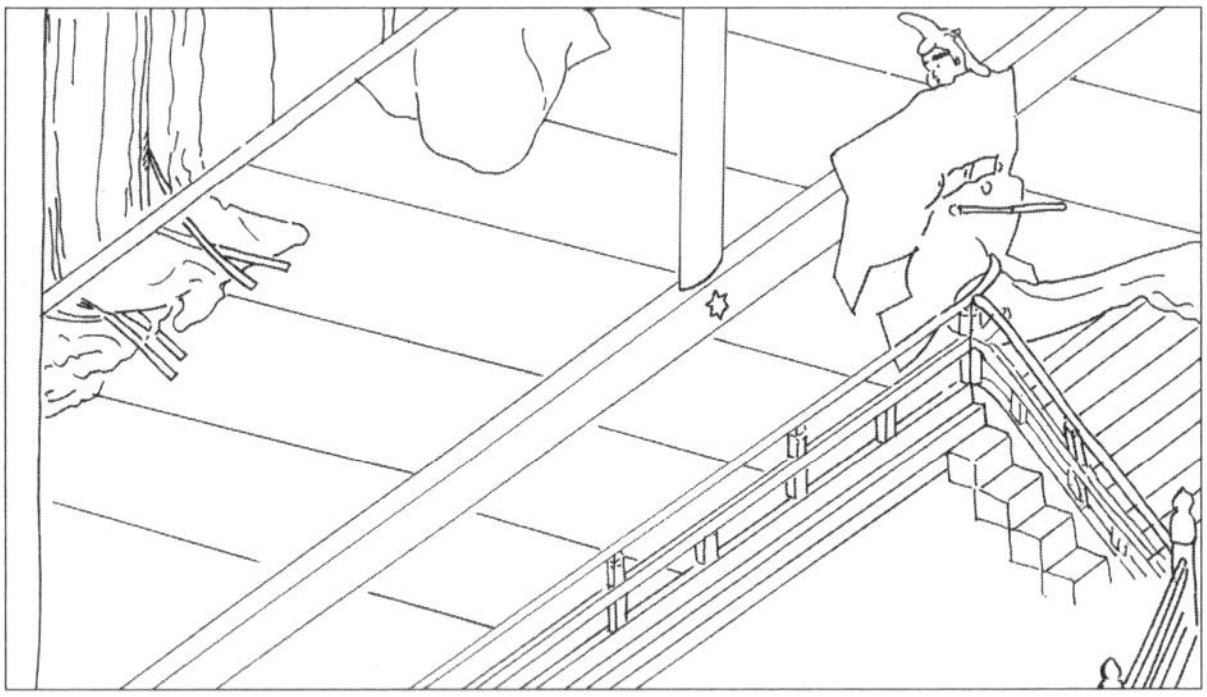

図９　「紫式部日記絵巻」（日野原家本）　賀茂臨時祭の奉幣使の出立　北の方が見物する

りであったのだろうか。鎌倉時代中期『三条中山口伝《さんじょうなかやまくでん》』には、次のような記事がある。

打出事　大臣家以上が出だすことが可能である。納言以下は出さない。院中及び関白家には、正月三日の拝礼の際に打出すことができる。関白家には賀茂詣の時である。大臣家には祭使いを出立するときに打出すことができる。院中には后宮《きさいのみや》がいない時、関白家には北政所《きたのまんどころ》がいない時は、ともに打出を出さない。いわゆる女房がしたがっているかどうかが決定要因である。袖口の彩りが出る故である。正月三日の拝礼の時、東礼晴所は、寝殿南（階隠のぞく）、同東面。二棟南面毎間、打出を出す。西礼晴所は、これに準ずる。いわゆる女房有る所と見ることが可能である。居所には主人がいないことも色々ある。［後略］

打出は、誰もが自由に設置できるというものではなかった。大臣家・摂関家・院・法皇が正月拝礼や祭使いを出立する際に行った格式の高い装飾であった。その場所に北の方・后が不在の場合は出さない。つまり、女主人に仕える女房を、したがわせているかどうかが決定要因であった。

図9は、賀茂臨時祭の奉幣使を描くが、北の方の存在が几帳で示されている。隣の柱間の装束は、女房による打出と考えられる。
北政所・后宮に仕える数多くの女房は、打出を置き、空間を飾ることで、場を演出した。それは、来訪者に対する、女主人の礼儀作法であった。

打出と女房

それでは、打出を柱間に設置したのは、女房たちだったのだろうか。文献史学の吉住恭子の研究によれば、晴儀《せいぎ》に際しては、打出用の装束は統一されたものが主人から支給されたという。后や中宮の場合は公的役務であり、女御の場合は私的な行事としてすすめられた。打出は設置する際に、御簾の外側から男性官人が装束を引き出したという。先ほどの『雅亮装束抄』を記した源雅亮もそうした一人であった。女房と男性官人が力を合わせて、打出は演出されたのである。男性官人が引き出した打出の内側に、女房はすわったのだろうか。

国宝「源氏物語絵巻」の柏木《かしわぎ》三は、光源氏が、女三の宮（光源氏の妻）と柏木との不義の子、薫を抱いている。五十日《いか》の祝いであり、朱漆塗《しゅうるしぬ》りの丸高杯《まるたかつき》▲が並んでいる。御簾を背にする女房の装束の袖と褄が、簀子《すのこ》縁《えん》に出ている。着装が専門の武田富枝によれば、女房と打出は別の物という（図10）。

図10　「源氏物語絵巻」柏木三（徳川美術館蔵）

丸高坏　食物を盛る器。大きい坏《つき》の中央に高い脚をつけたことによる名称。古くは土製で、土高坏《つちたかつき》といった。時代が下るにつれ、坏の部分は平盤となり一般宮殿の調度として木製漆塗りが普及し、丸高坏のほかに角高坏もできる。

図11　「扇面法華経冊子」（四天王寺蔵）　左大臣藤原頼長の正月大饗

いっぽう、「扇面法華経冊子」（四天王寺蔵）は、仁平二年（一一五二）正月二十五日、左大臣藤原頼長の正月大饗《たいきょう》の拝礼を題材としているとされる。打出が設置された奥に、女房が顔をみせている（図11）。飾りとして置かれた打出の内側に、女房がすわっているわけである。

女房の姿がみえない打出

続いて、儀式空間に打出が装飾されるものの、女性の姿がみえない事例をみていこう。

平安時代の年中行事を描いた「年中行事絵巻」（田中家蔵）の原本は、平安時代後期に制作されたもので、江戸時代前期に写された。

「年中行事絵巻」巻一は、朝覲行幸《ちょうきんぎょうこう》が開催された法住殿（院御所）を描く（図12）。朝覲行幸とは、天皇が父や母の邸に訪問する儀式であり、正月二〜四日に開催された。絵巻は、高倉天皇が父白河上皇の住む法住寺南殿を訪れた様子を描いている。

天皇と上皇は、寝殿南廂《みなみびさし》に敷物を敷いてすわっている。前に九つの懸盤《かけばん》があり、料理が置かれている。東側三間に、几帳帷子《きちょうかたびら》と打出がある。建築史家・川本重雄は、左一間に几帳帷子のみが出されている場所が、国母の座で、柱間二間に

図12 「年中行事絵巻」巻一 朝覲行幸（田中家蔵）

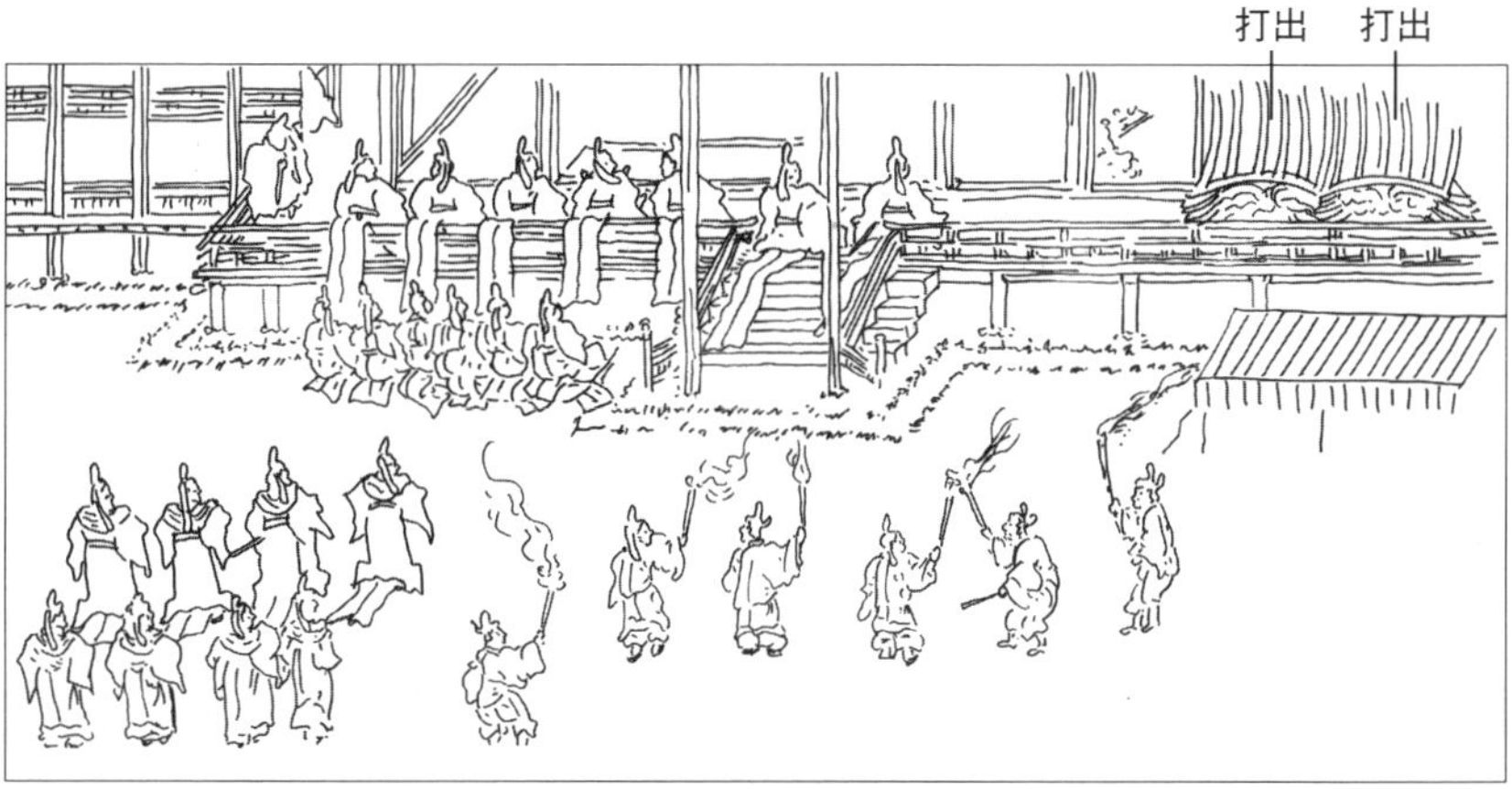

図13 「年中行事絵巻」別本 正月大饗（田中家蔵）

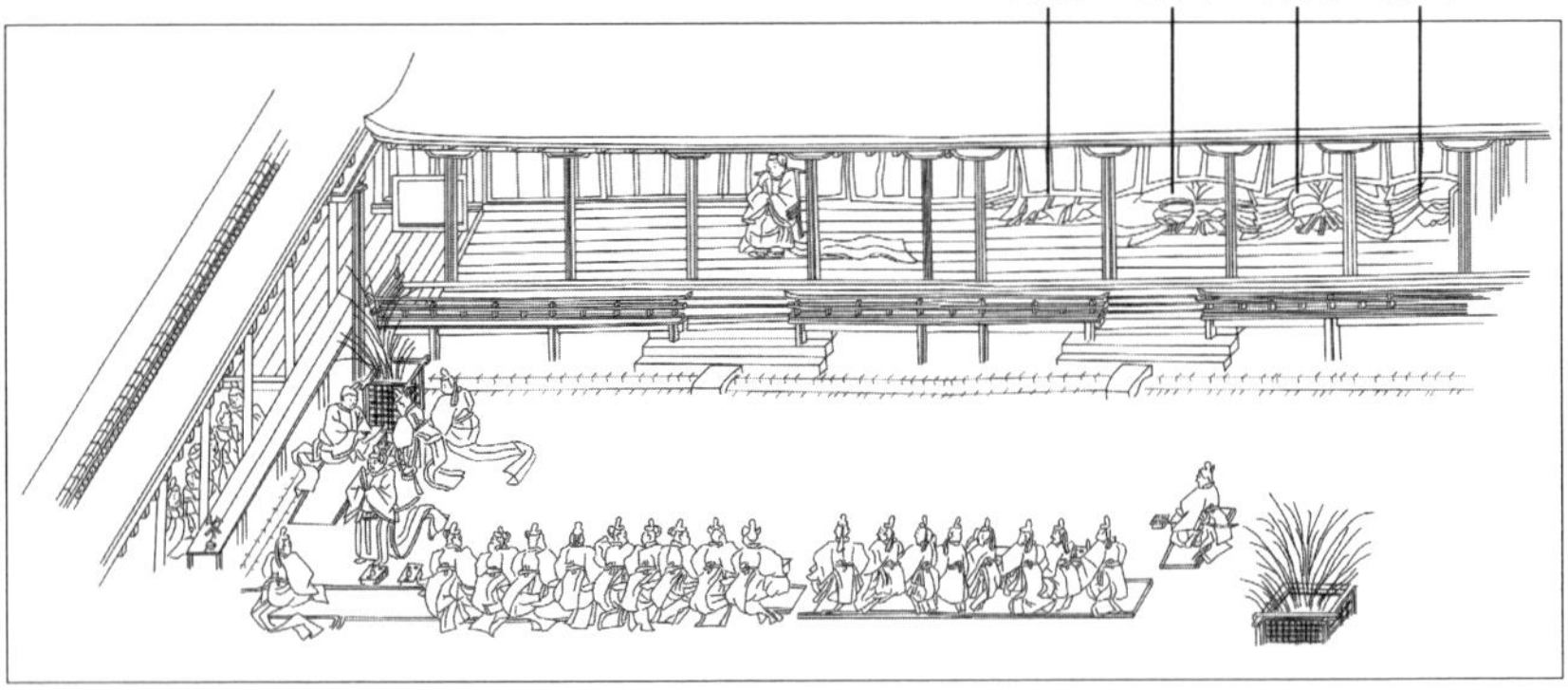

図14　「年中行事絵巻」別本巻一　賀茂臨時祭　庭座の儀（田中家蔵）

女房装束の袖口が出ている場所は、女房の座としている。

別の巻をみていこう。「年中行事絵巻」別本の正月大饗は、大臣家で正月に開催された饗宴である。東三条殿寝殿東側に打出がみられる（図13）。川本は、御簾の下から出だされた装束は、打出の飾りで、内に女性は座っていないとする。前述した朝覲行幸とは異なり、正月大饗には、女性の座がなかったためである。

打出はここでは、大饗の空間に登場して座ることのできない、北の方や女房の存在を暗示していたのではないだろうか。建築史家・太田静六は、儀式空間に打出を置くことで、「艶」を演出していると指摘している。艶とは、彩りや華やかさであり、つまりは不在の北の方と女房の存在を演出したのではないだろうか。

后の座を確認する目印

打出の後ろに、北の方・后・女院などの座が実際にあるかどうか。これを知るためには、ひとつの目印がある。再び「年中行事絵巻」巻一の朝覲行幸（図12）をみると、打出が出された柱の横に、几帳帷子だけが置かれた柱間がある。この奥には、実際に高貴な女性が座っていた可能性が高い。

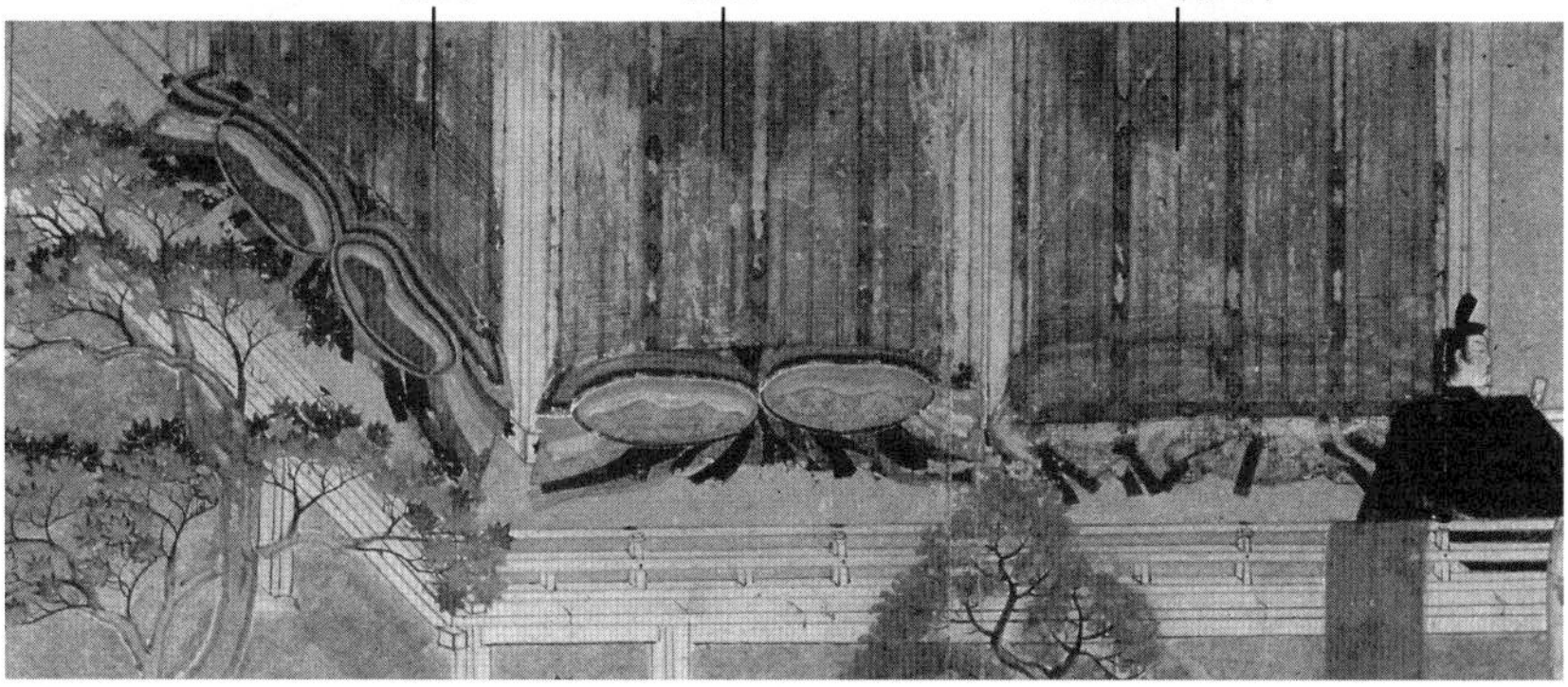

図15 「駒競行幸絵巻」（和泉市久保惣記念美術館蔵）

「年中行事絵巻」別本巻一は、賀茂臨時祭に旅立つ際に清涼殿東廂にすわる天皇と儀式を描く。天皇の住まいである清涼殿東廂に、東側一間の几帳だけが出ており、三間にわたって打出がある（図14）。ここにおいても、几帳一間は后、打出は女房座を示しているものと思われる。

「駒競行幸絵巻」（和泉市久保惣記念美術館蔵）をみると、寝殿の左側に一間、几帳だけが出されている柱間がある。ここに、国母である上東門院彰子が着座している。不在の彰子の姿は、南庭に描かれた白菊で暗示されている。競馬の後の後宴では、彰子を賛美して、白菊の歌が詠まれた。

絵巻の原本を実見すると、彰子の座には、打出の装束がうっすらとみえ、それを塗りつぶした痕跡がある（図15）。有職故実に詳しい絵師が、女院や后の座所には女房装束を出さない約束を知り、描き直した痕跡ではないかと、私は考えている。

寝殿から西対《にしのたい》にかけて、八具の女房装束が描かれている。河田昌之によれば、寝殿正面の装束は、『雅亮装束抄』の「あをもみぢ」「あをこきうすぎ、きなる、やまぶき、くれなゐ、すはうのひとへ」に近いとされる。対にかけても打出が続いている。

「駒競行幸絵巻」には、江戸時代後期に幕府御用絵師によって写された

図16 「補定駒競行幸絵巻」（狩野晴川院筆、東京国立博物館蔵） 馬場と馬場殿

「補定駒競行幸絵詞」（狩野晴川院筆、東京国立博物館蔵）があり、原本には失われた部分がある。競馬が行われる馬場と馬場殿があり、東側に五間、西側に一間、広い範囲にわたって打出がなされている（図16）。これらの打出の内側は、女房の観覧席と考えられる。

こうして、御簾の下から出された装束には、次のような種類がある。まとめておこう。

①女房が着用した装束を出している
②打出を設置して、後ろに女房が座る
③打出を設置して、後ろに女房が座らない

平安時代の女性は、なぜ、装束を御簾の下から出すことによって、自らの存在を示そうとしたのだろうか。次章では、当時の生活空間を詳しく探っていきたい。

図17　「源氏物語団扇画帖」若菜下（国文学研究資料館蔵）

二▶打出の舞台

古代・中世における女性の住まい

平安時代を生きた皇族や貴族の女性たちは、邸宅の奥深くに暮らしており、庭の端近くに姿をあらわすことはすくなかった。

『源氏物語』において、六条院を造営した光源氏は四十一歳となり、兄朱雀院《すざくいん》の娘、女三の宮を正妻に迎える。六条院・東南の町（春の御殿）、晩春に、光源氏の息子の夕霧や柏木などの若い公達《きんだち》たちが蹴鞠《けまり》をしている。そこに、唐猫《からねこ》が飛び出し、御簾が巻き上がり、女三の宮の姿が柏木にみられてしまう（図17）。この一件から、柏木と女三の宮は密通を重ね、不義の子である薫が誕生する。光源氏の晩年は暗いものへと転じてゆく。

女三の宮は、柏木のめにふれただけである。しかし、それが六条院を揺るがす事件へとつながってしまう。平安時代の高貴な女性は、御簾や几帳、扇などで姿を隠していた。王朝物語では、几帳のほころび

図18　「年中行事絵巻」闘鶏（田中家蔵）

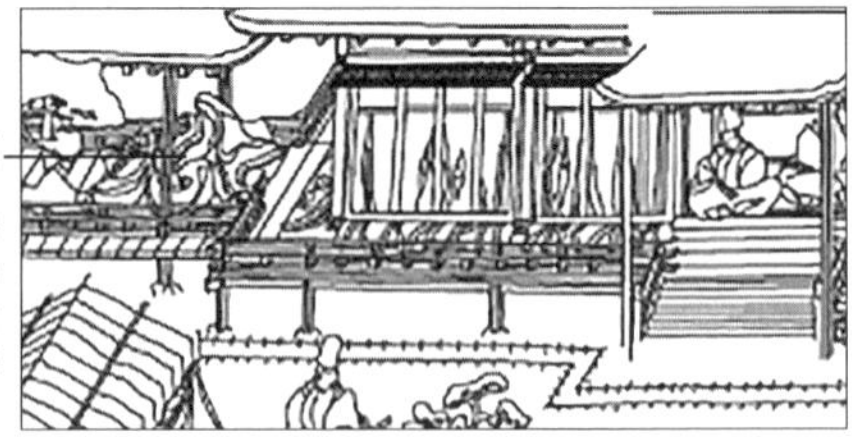

から、格子の隙間から、ひっそりと女君を垣間みる。高貴な女性たちの居場所には、禁忌と規範が存在したのである。

「年中行事絵巻」（田中家蔵）の闘鶏の場面をみてみよう（図18）。南庭を舞台に、鶏を闘わせる行事が開催された。左（東）側に門があり、門から入場すると、その内側に中門廊《ちゅうもんろう》▲がある。門と中門廊の溜りの空間で、南庭を見物している人々は、南庭に入れない身分の者たちであり、階層に分かれていた。男性貴族たちは寝殿の東側に座り、女性は寝殿の西側に、御簾内の几帳の隙間から、庭の様子を窺っている。西側の透渡殿《すきわたどの》には、女性が扇を手にして姿をあらわしているものがみえる。女性のなかにも、身分による階層が生じていた。

建築空間における男と女の空間

世界をみれば、支配者階級の住まう宮殿において、男と女の座は分けられていた。たとえば古代ギリシャの住宅では、女性の空間は男性の空間と分かれていた。トルコのオスマン朝のハレム、歴代の中国王朝の宮殿、江戸城の大奥など、后妃の住まう空間は、一部の役人や医師、職人などをのぞき、皇帝や将軍以外の男性は基本的に参入するこ

中門廊 寝殿造の東西の対《たい》から南に延びる廊で、途中に中門を開く。梁間一間、道路側を壁で閉じ、南庭に面する側を吹放しとする。

台盤所 台盤（今日の食卓にあたる）を置く室。平安宮内裏では清涼殿西庇の中ほど、南北三間の部分で、女房の詰所となり、北は朝餉間《あさがれいのま》、南は鬼間《おにのま》に接する。

とができなかった。

日本の天皇の住まいにおいて、七世紀には、天皇と官人（女）の空間である閤《こう》門《もん》内へ男性官人が立ち入る場合、勅許という許しを得る必要があった。

文献史学の吉川真司は、奈良時代から平安時代における宮廷と女房の関係を明らかにしている。八世紀後半に、内裏内郭に公卿が日常的に詰めるようになり、天皇の生活のさまざまな側面で男性官人の主導性が確立する。男官と女官が天皇に奉仕する体制は、九世紀末までに成立し、中世まで長く続いた。清涼殿西廂台《だい》盤《ばん》所《どころ》▲の女官は女房、清涼殿南廂殿上の間の蔵人が男房《なんぼう》と呼ばれた。平安宮内裏は諸外国の王宮と異なり、男子禁制の場でなく、儀式や遊宴で女房が重要な構成員となったことが、平安時代における女性文化の発達を呼び起こしたことを指摘している。

中世後期以降、女性が儀式や遊宴において、姿をみせなくなった。それは、『源氏物語』に象徴されるような平安時代における女性文化のひとつの終焉《しゅうえん》ともいえるのではないだろうか。

『源氏物語』の住空間

中宮彰子に仕える女房が書き記した『源氏物語』の邸宅をみていこう。

寝殿の東面に、光源氏と……　「（源氏は）その日は、寝殿へも渡り給はで（お越しにならなかった）」（若菜上巻）とあり、光源氏が寝殿に住んだかは不明な点もある（田村隆氏のご教示）。

光源氏は三十五歳になり、須磨・明石《あかし》から呼び戻されて太政大臣の位を得る。六条御息所《みやすどころ》邸宅の跡地に、春・夏・秋・冬の四町から構成された広大な屋敷を造営する。四方四季の発想は、『源氏物語』に先行する『うつほ物語』の神奈《かんな》備種《びのたね》松《まつ》の邸に登場する。六条院の四方四季の構成は、竜宮浄土に見立てられた仙境であった。

辰巳《たつみ》（春）の町は、寝殿を東西に分けた。寝殿の東面に、光源氏と明石の君の娘、明石姫君、寝殿の西面に後に迎えた正妻、女三の宮が住むようになる。▲春の町の東対《ひがしのたい》に光源氏の妻である紫の上が住んだ。西対《にしのたい》には女三の宮の女房が詰めていた。

源氏亡き後は、寝殿に二の宮（光源氏孫）、東対に女一の宮（光源氏孫）が住んだ。築山《つきやま》が高く、春の花の木を植え、屋敷の前に、五葉《ごよう》・紅梅・桜・藤・山吹・岩躑躅《いわつつじ》を植えた。

丑寅《うしとら》（夏）の町は、光源氏の恋人の一人、麗景殿《れいけいでん》の女御の妹である花散里《はなちるさと》と結婚前の夕霧（光源氏の長男）が住んだ。後に西対に玉鬘《たまかずら》（光源氏の昔の恋人の娘）が、髭黒《ひげくろ》大将と結婚するまでの仮住まいをする。

源氏亡き後は、夕霧が相続し、女二の宮（夕霧妻）が住んだ。泉があり、邸の前には呉竹《くれたけ》・卯花《うのはな》の垣根・花橘・撫子《なでしこ》・薔薇・くたになどを植え、馬場殿《ばばどの》があっ

図19 「源氏物語団扇画帖」少女（国文学研究資料館蔵）

た。

未申《ひつじさる》（秋）の町は、秋好中宮の里内裏であった。もともとの小高いところを築山に、紅葉の植木を植えて、滝を落とした。

戌亥《いぬい》（冬）の町は、明石の君の住まいである。垣に松の木・菊の籬・柞原《ゆすはら》・深山の木を植えた。秋の町には寝殿はなく、大きな対が二つあった。

六条院は、四季折々の風情のある邸宅であった。秋の殿に住まう秋好中宮は、春を好む紫の上のもとに、女童《めのわらわ》をつかわして、秋の草花を届ける（図19）。渡殿を歩く女童の姿は、春の盛りの六条院を描く胡蝶巻とともに、六条院邸宅の華やかさを示す象徴的な場面である。

六条院造営以前の光源氏の邸宅に、二条院がある。光源氏の母の桐《きり》壺更衣《つぼのこうい》の邸宅を相続し、寝殿に光源氏が住んでいた。北山から盗み出した紫の上は、西対に住まわせた。

六条院の造営後は、紫の上の別邸となる。紫の上の亡き後、匂宮《におうのみや》（光源氏の孫）が相続した。宇治十帖では、西対に匂宮の女君である宇治の中君《なかのきみ》を迎えた。

二条東院は、寝殿は空けておいて、源氏の居所とした。西対に花散里、北対を細かく分けて、末摘花《すえつむはな》・空蟬《うつせみ》君が居住した。いずれも光源氏の女君たちである。源氏亡き後は、花散里が相続した。

寝殿——主人の住まう空間

六条院の研究において、議論にあげられるのが、「寝殿に誰が住んだのか」という論点である。寝殿は、邸のなかの特別な殿舎で、夫と妻が居住する空間であった。

紫の上は、光源氏の数多くいる女君のなかで最も寵愛を受けた。紫の上は、光源氏の継母、藤壺の姪であった。光源氏は、北山で育てられていた年若い紫の上を垣間みて、思慕する藤壺の替わりとして盗み出してきた。二条院西対に迎えられ、その後、六条院東対で暮らした（図20）。紫の上の住まいは対にあり、源氏の邸の寝殿に住まうことはできなかった。

後に六条院に嫁した女三の宮は、朱雀院の皇女という高い身分であり、光源氏の正妻となる。女三の宮は、紫の上がかなわなかった寝殿を暮らしの場所とした。

明石の君の住まう冬の町には、寝殿がなかった。明石の君は、受領《ずりょう》階級の娘で、光源氏が須磨に隠遁した際に出会った女性である。明石の君は、六条院造営前には、二条東院に住まうあまたの女性たちに気後《きおく》れし、大堰《おおい》のわたり▲にある邸に住んでいた。明石の君の邸宅にはなぜ寝殿がなかったのだろうか。明石の君の身分

大堰のわたり　大堰川は、桂川のうち京都府亀岡盆地から上流にあたる支流。

図20　「源氏物語団扇画帖」紅葉賀（国文学研究資料館蔵）　ひなあそびをする若紫

が劣るため、あるいは私的な生活空間であったため、などの諸説がある。邸宅のどの部分で暮らしを営むのかは、身分によって定められていた。

王朝文学に登場する人々のなかで、寝殿はどのように使用されているのだろうか。国文学の天野ひろみによれば、寝殿には未婚の娘姉妹が住み、また既婚の娘と未婚の娘が同居する事例も確認できるという。寝殿に、正式な身分のない独身の娘が住むこと、そこには、娘の将来に対する両親の期待がこめられていた。寝殿のなかでも東面が格式高く、西面は年齢・地位が低い。西対は未婚女性・女房の場として使用される例がある。北面や北対は、物語上で目立たず、表舞台から去ってゆく人物が使用したという。

『源氏物語』の時代の宮中であった一条院では、皇后定子は北対に居住している。藤原道長と藤原伊周《これちか》の政権争いで、伊周は敗れ、伊周の妹である定子も排斥されてゆくのである。

台盤所と渡殿――女房の生活空間

六条院春の御殿には、女三の宮の降嫁にあたって、西対が二つ増築されたという。一人の女主人に何十人もの女房が仕えていたので、

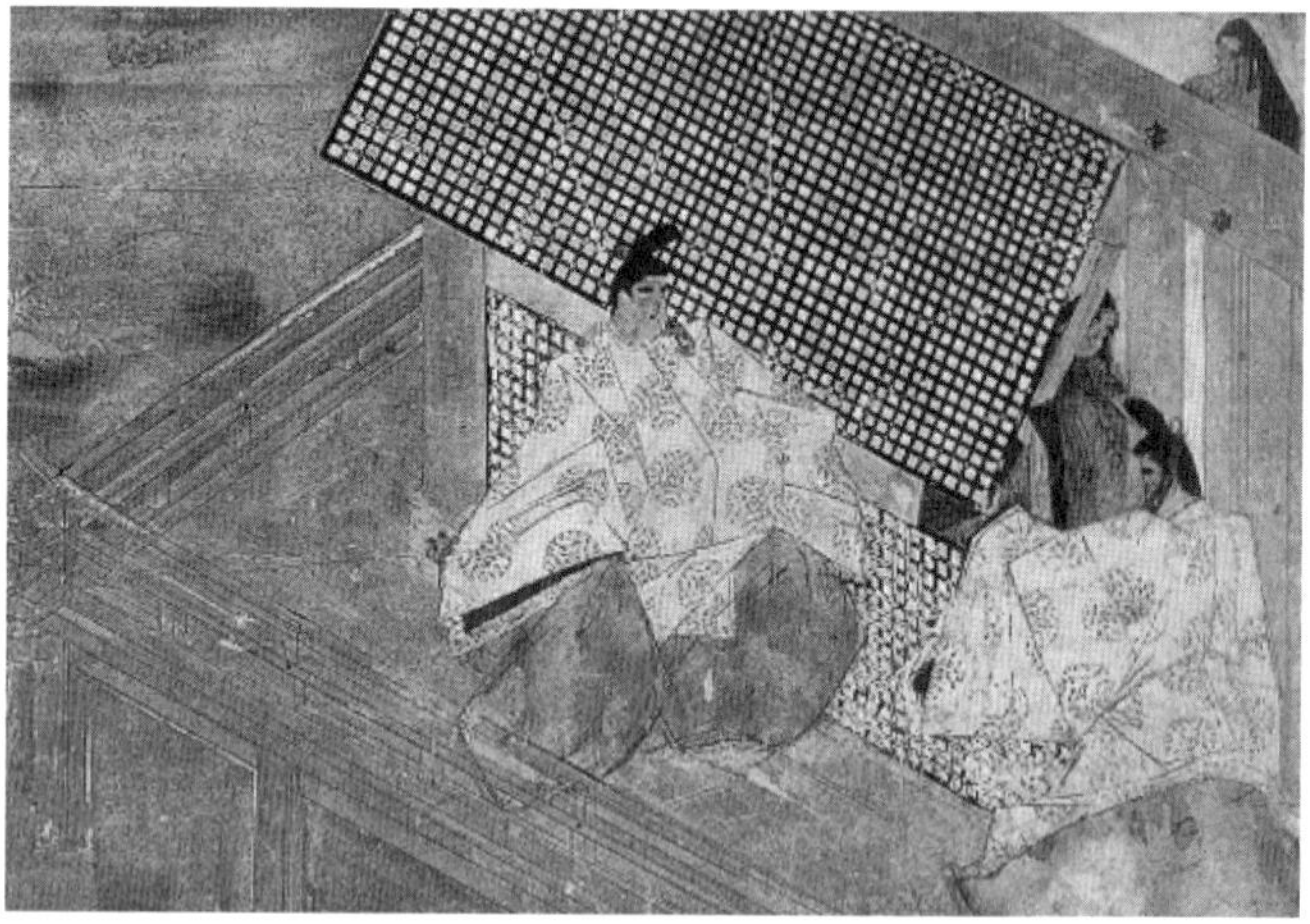

図21　「紫式部日記絵巻」（五島美術館蔵）

渡殿の東の戸口　西の戸口とするなど諸説がある。

朱雀院皇女の女三の宮の女房にも大きな空間が必要であった。

后や内親王、貴族の北の方などの女主人に仕える女房は、北の台盤所や渡殿を居場所としていた。『源氏物語』の著者である紫式部の部屋は、一条院における、寝殿と東対を結ぶ北側の渡殿の東の戸▲口近くにあった。紫式部は、同僚の小少将《こしょうしょう》の君と同じ局《つぼね》で、二人の部屋を一つに合わせて、どちらかいっぽうが実家にさがっている間もそこに住んでいた。二人が同時に参上した際には、几帳だけを隔てにして暮らしていた。女房の局には、男性貴族も訪問し、交流することがあった。簡単にのぞけてしまう無防備ともいえる住まいであった（図21）。『紫式部日記』の話をいくつか紹介しよう。

夕暮れに宰相の君と二人で話をしていると、道長のご子息の三位《さんみ》の君が来て、簾《すだれ》のはしを引き開いて座る。あまりうちとけた話にならない程度に、「おおかる野辺に」（女郎花《おみなえし》が多い野辺に宿を取るなら、根拠もなく、浮気だとの評判がきっと立つだろう）とうたってゆかれたさまは、物語のなかの男君のようだった。これは後の藤原頼通である。

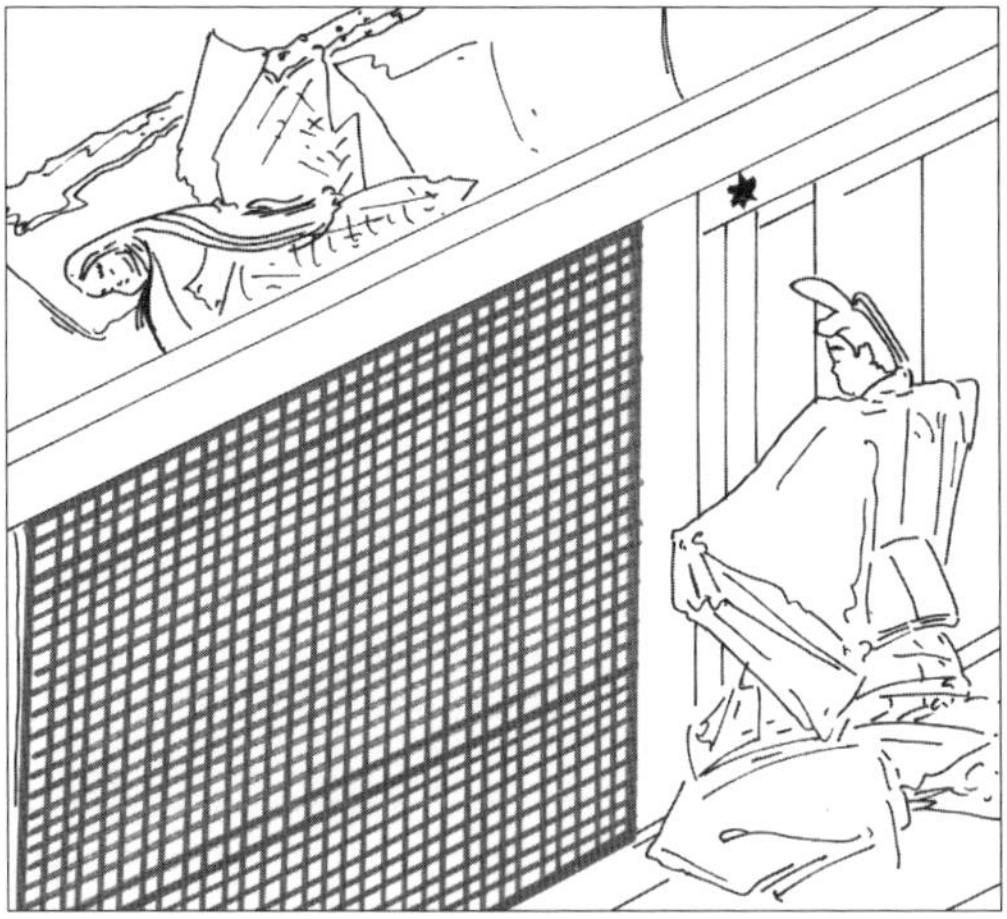

図22　「紫式部日記絵巻」（日野原家本）

渡殿に寝た夜、部屋の戸をたたいている人がいる、と聞いたけれど、恐ろしさにそのまま答えもしないで夜を明かした。その翌朝に、殿（道長）より、夜通し水鶏《くいな》がほとほと（コツコツ）たたくにもまして、わたしは泣く泣く槙《まき》の戸口で、戸をたたきながら思い嘆いたと歌が届いた（図22）。

女房の局には、后の近親者、女房懇意の男性は訪問できた。前述したように紫式部は、小少将の君と同じ局で、二人が同時に参上することもある。道長は「お互いに知らない人でも誘い入れたらどうする」と、聞きづらいことを言うけれど、二人ともそんなよそよそしいことはしない。女房たちは、用がある際には、女主人の御前に参上する。

八月二十六日、御薫物《おたきもの》の調合が終わってから、中宮はそれを女房たちに配る。おすそわけにあずかろうと、御前《ごぜん》に大勢集まっていた。中宮さまの御前からさがって部屋にもどる途中、弁宰相の君の部屋の戸口をのぞくと、ちょうど昼寝をしていた。絵に描いてある物語の姫君のように思われた。

中宮には、大勢の女房が仕えていた。ある晩、中宮の御前に参上したところ、月がきれいなころで、お部屋の端近《はぢか》には、御簾の下から裳の裾などがこぼれ出るほどにして、小少将の君や大納言の君などが控えている。中宮は、香炉に、先日の薫物を土中から取り出させてお入れになり、出来具合をためしてごらんになったという。

簀子《すのこ》▲にこぼれ出るほどの女房の裳の裾は、女主人の繁栄をも表現していた。一人の女主人には、いったい何人くらいの女房が仕えていたのだろうか。

簀子　簀子（角材）を並べて造った建物の外側の濡縁《ぬれえん》。

平安時代の女房

文献史学の吉川真司は、平安時代の女房の存在形態について、詳しく述べている。十世紀後期から十一世紀中期の平安宮内裏の女性には、①后（中宮・皇后・皇太后・太皇太后）、②御息所（女御・更衣）、③女房、④女官（女房以外の下級女官）、⑤従女（下仕《しもづかえ》・女童）があった。このうち、天皇に仕えた「上の女房」の前身は律令国家の女官であるとする。

王臣家に仕え内裏に出仕しない女房を「家の女房」といった。家父長に乳母《めのと》（及び従者・下女）がつき、北の方は、乳母と女房多数を抱えていた。道長妻の源

禁色　公卿相当の上臈の女房に許され、中臈以下の女房の使用が禁じられた装束の色。青色または赤色の織物の唐衣に地摺の裳が禁色である。

倫子の女房などは、装飾の機能を有していたという。こうした女房が、晴《はれ》の行事において、打出を担ったのであろう。

后や女御の女房は、天皇の「上の女房」に対して「宮の女房」と呼ばれた。立《りつ》后《こう》によって、私的な存在であった女房が上臈・中臈・下臈に分かれて衣服の別を明確にし、公的存在となる。その后の女房の職務は、キサキへの衣食住の奉仕、娯楽や教育、男性官人の取り次ぎであった。后は封戸《ふこ》・年給という給与を得ていたが、女御は里方の負担によるところが多かった。女房たちは、夫や支援者である男性からも資金が援助されていたという。

十二世紀中期『台記別記《だいきべっき》』には、女房総勢三十人が記されている。筆頭の乳母、典侍《ないしのすけ》六名は禁色《きんじき》▲を許された上臈女房である。掌侍《ないしのじょう》六名と命婦《みょうぶ》十二名が中臈女房。女蔵人が下臈女房であった。上臈女房の生活は常に天皇とともにあったという。

描かれた女房たち

国宝「源氏物語絵巻」にも、物語の主人公たちとともに、多くの女房が描かれている。女房たちは、物語の語り手であった。

正月初めの夕方に、十四、五の薫が玉鬘邸を訪ねる。若い女房たちは、妻戸の

図23　「源氏物語絵巻」竹河一（徳川美術館蔵）

前に座る薫をみて、噂話をしている。中将君は、庭の梅にたとえて歌を詠みかける。絵には、「東の御階《みはし》より上りて、戸口の御簾の前にゐたまへり」と表現される薫の姿が描かれている。御簾際に三人の女房が顔を出し、奥に三人の女房が語らっている。国宝「源氏物語絵巻」の復原模写の過程では、画面左下に七人目の女房の顔を描いた跡が認められたという（図23）。多くの顔が描かれており、女房の空間の密着した様子が窺える。

女房、居並みたり

行事の際に、御簾のなかに女房や童女たちが、重ねの裳をつけて、ずらりと並んだ様子を、物語や日記の記述のなかにみてみよう（図24）。

内に、御達《ごたち》▲、うなゐども、重ねの裳、汗衫《かざみ》▲ども着て居並みたり。

（『うつほ物語』俊蔭巻）

御簾のうちに、四五間に、赤色の唐衣《からぎぬ》、それも濃き袿どもうち出でつつ着たる人、居並みたり。

（『うつほ物語』蔵開上）

御達　経験の豊かな上級の女官。また、貴族の家に仕える身分のある女房。

汗衫　平安時代以降の後宮奉仕の童女の正装。闕腋《けってき》の制で、裾を長く引き、下に衵重《あこめがさね》、単《ひとえ》をつけ、濃《こき》の袴に白の表袴《うえのはかま》を重ねてはく。

図24　「源氏物語絵巻」宿木二（徳川美術館蔵）

中宮の女房、上の御局の蔀《しとみ》長々と上げ渡して、押し出でつつ、居並みたる前より、東宮上らせたまふ。

（『栄花物語』歌合）

御簾引き上げて入れたてまつらせたまふほど、女房ども扇さし隠してえならで居並みたり。

（『栄花物語』松のしづえ）

姫君病ニ悩ミ煩ヒテ臥シタリ、跡枕ニ女房達居並テ、

（『今昔物語』巻十六）

今宵は帳台の試▲なり。［中略］常の御所の御障子の方は台盤所なり。女房たち、袖をつらねて居並みたり。中に大宋の御屏風を立てたれども、低くて、御所へ参る人々も、あなたの公卿もともに目を見合するもまばゆくて、昔女房のやうには、さやうにゐざり歩きしもをかし。

（『弁内侍日記』）

台盤所に女房たちが居並んでいる。屏風を立てたけれど、それが低くて、公卿たちは目を合わせるのが恥ずかしく、昔女房のように、いざる▲よう

に歩くのがおかしい。女房たちが居並んでいるところを、公卿たちが通るのを恥ずかしく思っている、と『弁内侍日記』は語っている。

おしかたまる女房たち——女房たちの人口密度

また、平安時代の物語は、女房集団を「おしこりて」という表現で示している。

> 女房三十人ばかりおしこりて、濃き薄き鈍色《にびいろ》どもを着つつ、みないみじう心細げにてうちしほたれつつゐ集まりたるを［後略］　（『源氏物語』葵）

亡き葵の上に仕える女房たちが、喪の装束を着て心細くかたまっている。

> 「何ごとをきこえたまふべきしか」と集まりて、扇をさし隠しつつ、おしこりてみな居並みて［後略］　（『栄花物語』月の宴）

中宮の女房たちは、みな集まって、扇で顔をさし隠しながら重なり合うように座っているのである。

平安時代の建築空間の限られたなかで、どのくらいの女房が重なり合って座っ

帳台の試　五節第一の丑の日に、天皇が直衣・指貫を着て、常寧殿、または官庁に設けられた帳台（大師の局）に出て、舞姫の下稽古を御覧になること。

いざる　すわったままで移動する。ひざをついたり、しりを地につけたままの姿勢で進む。膝行《しっこう》する。

おしこる　押凝。多くのものが一ヶ所に寄り集まる。群がり集まる。ひしめきあう。一団となる。

鈍色　染色の名。濃いねずみ色。昔、喪服に用いた。

ていたのか。『紫式部日記』に記された彰子の出産儀礼では、特に混雑した様子が示されている。

> 北側の襖と御帳台との間の、ひどく狭い所に、あとで数えてみると、四十幾人もの人々が座っていた。少しの身じろぎもできず、すっかりのぼせあがって、何が何だかわからない。

> 御帳台の東に面した二間ほどの所に、三十人あまりも並んで座っていた女房たちの様子は、まさに見物《みもの》であった。

柱間二つ分の空間に三十人の女房たちが装束を身に着けた状態で座っていたのでは、まさにおしこめられた状態であったろう。

かつて私は、『うつほ物語』に示されたいぬ宮の演奏会▲を考えたことがある。その際、寝殿にかなり多くの人々がつめかけている空間を再現してみた（図25）。「御供の人までは、居るべき所なし」、「あきたる方なきをいかがせむ」、「一つにみな狭げなりと御覧じて」、「廂に居たまへる人々、狭くて、人気《ひとけ》に暑かはしく覚えたまへる」など、邸内は混雑した様相であったと『うつほ物語』は語る。

いぬ宮の演奏会　遣唐使の清原俊蔭は、波斯国《はしこく》に漂着し、天人・仙人から秘琴の技を伝授される。俊蔭娘（尚侍）と藤原兼雅の間には仲忠が誕生する。仲忠と女一の宮の間には、いぬ宮（俊蔭の曾孫）が生まれる。仲忠は祖父伝来の秘琴をいぬ宮に伝授したいと、京極の旧邸を修築し、邸に二つの高楼を東西に配した（楼の上、上巻）。俊蔭は、絵師を呼び、建物の次第を絵に描かせ、修理職のなかで腕前の優れた二十人を分担させて造らせた。いぬ宮の琴が祖母の俊蔭女（尚侍）に勝るほどになると、八月十五日、嵯峨院や朱雀院を招き、盛大な演奏会が開催された（楼の上、下巻）。京極殿では、二人の院の訪問に備え、蒔絵の御浜床や紫檀の椅子を造らせ、高貴な女性の座所なども思案する。

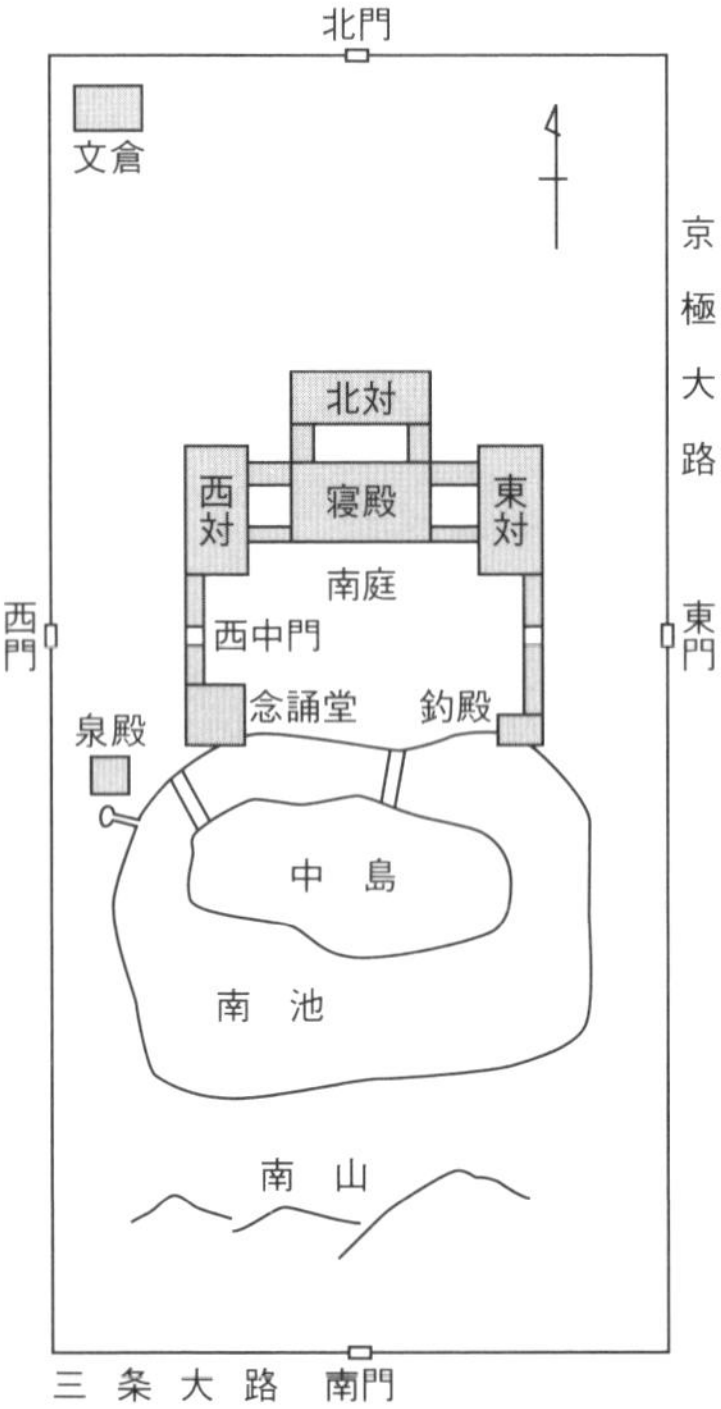

藤原仲忠の三条京極第　推定復原図
（太田静六『寝殿造の研究』より）

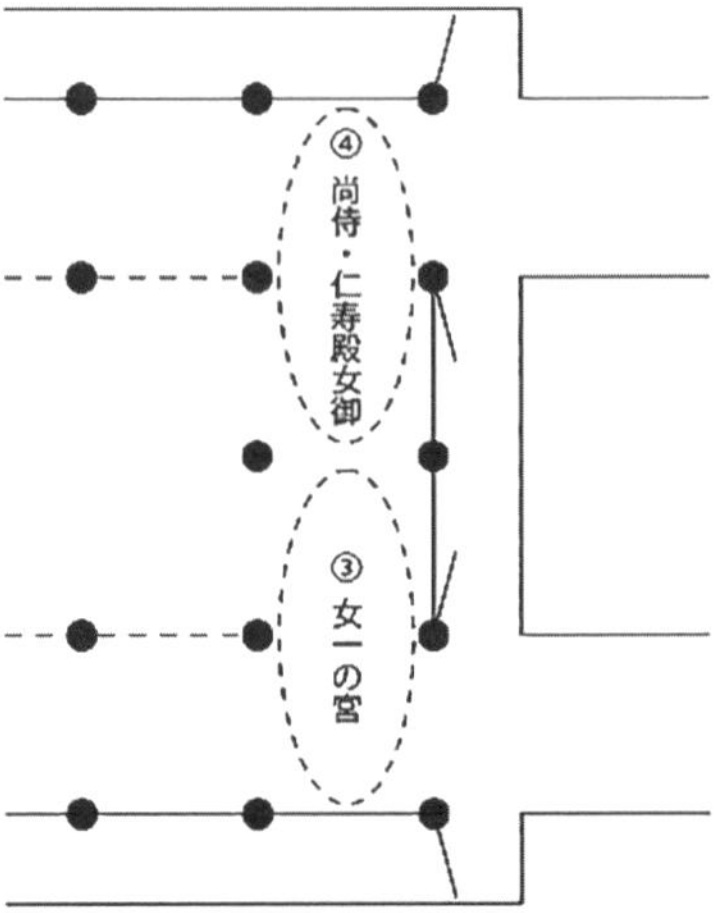

東廂拡大図　当初の座

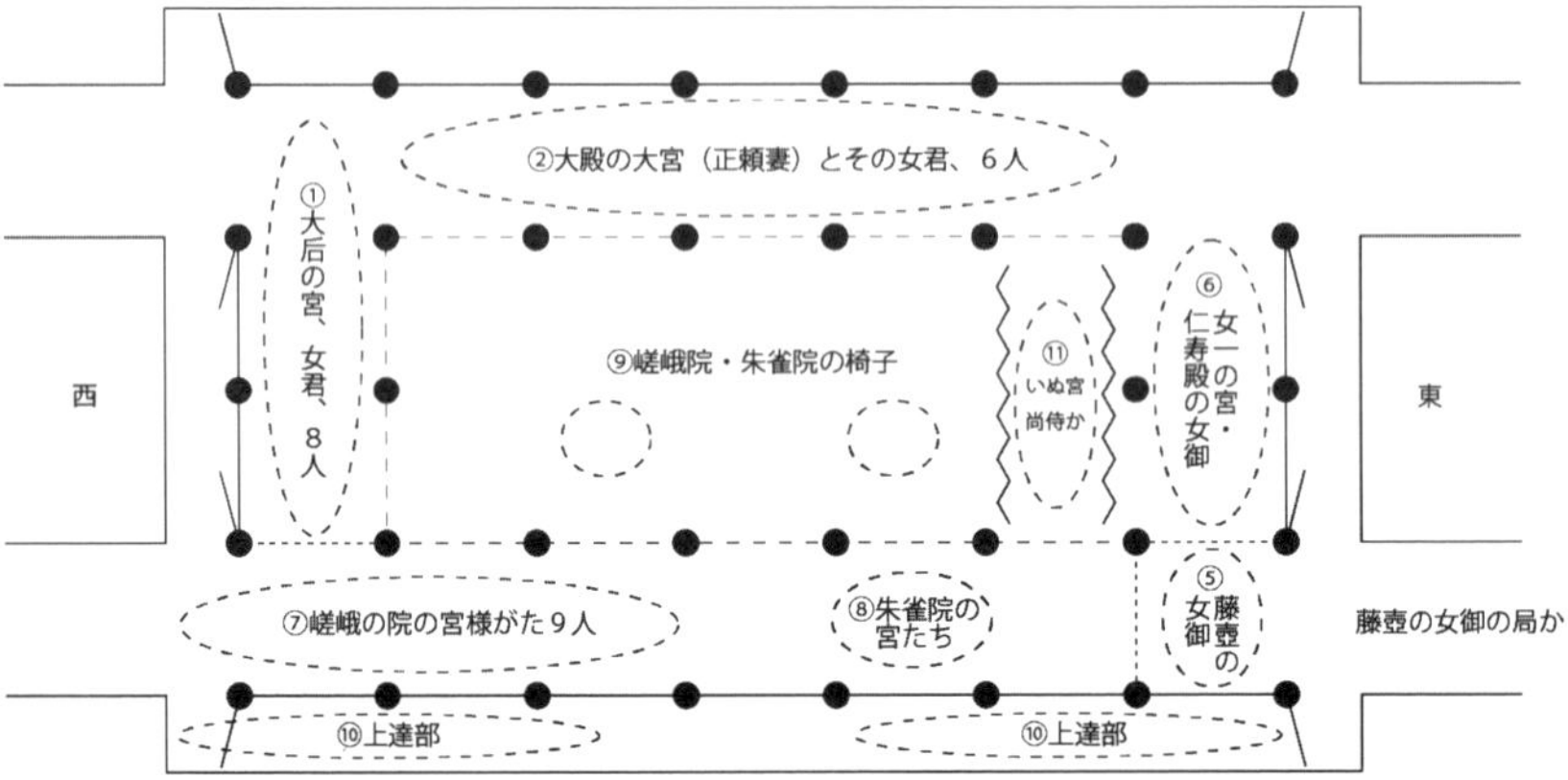

図25　京極殿寝殿におけるいぬ宮の演奏会　再現図（平面図は不明であり、概念図として示した。『アジア遊学』170、2014年）

尚侍《ないしのかみ》のお供の女房たち四十人は、釣殿《つりどの》に移動したという。

多くの女房たちがひとつの空間に折り重なるように着座することで、空間の境目から自然と装束がこぼれ出る様子を窺い知ることができる。逆に、こぼれ出る装束は女房たちの密集を暗示することにもなるだろう。次章では、さらに平安時代の建築空間の実態に迫っていきたい。

三▼寝殿造の空間

王朝文学に示される平安時代の貴族住宅とは、そもそもどのような建築空間であったのだろうか。それは、「寝殿造」と定義されている。平安時代に使われた寝殿造の建築で、今日まで遺存しているものはほとんどない。寝殿造のイメージは、じつは、平安時代を題材とした物語や絵画、貴族の日記、寺社建築、発掘遺構を基に形づくられてきたものなのである。

六条院の想定図

『源氏物語』の展覧会には、光源氏が住まう六条院の想定図が示されることがある。ここで注意したいのは、物語を執筆する際に、紫式部が具体的に建築空間を想定していたのかどうか、詳細にはわかっていないことである。

後世の歴史家たちは、『源氏物語』に示された六条院を作図化しようと試みている。文献では、鎌倉時代の『河海抄《かかいしょう》』▲、室町時代の『花鳥余情《かちょうよせい》』▲に、建築の考証が始まる。室町時代に制作された『源氏物語人々居所《いどころ》』（東海大学桃園文庫蔵。

『河海抄』『源氏物語』の注釈書。二十巻。四辻善成著。貞治元年（一三六二）頃の成立。将軍足利義詮の命により撰する。祖師善行、先師丹波忠守の説を基礎に旧説を集め、語句の解釈に重点をおいて自説を述べたもの。初期の『源氏物語』研究の集大成であり、後世に大きな影響を与えた。

『花鳥余情』『源氏物語』の注釈書。三十巻。一条兼良《いちじょうかねら》著。文明四年（一四七二）成立、明応六年（一四九七）再訂。『河海抄』を補正したもので、文章の解釈、作品の鑑賞に重点を置く。『河海抄』とともに、後世の研究に大きな影響を与えた。

図26)、江戸時代初期の『十帖源氏』(図27)には、六条院邸宅の考証がみられる。

以上のような書に示された六条院邸宅は、今日考えられている寝殿造の姿とはかけはなれたものである。

日本史や国語の教科書に掲載されている現在の寝殿造のイメージは、中央に寝殿があって、東あるいは西に対《たい》がある。建物同士は渡殿《わたどの》でつながれており、往来ができる。対はさらに、釣殿《つりどの》や泉殿《いずみどの》まで渡殿でつながる。庭には大きな池があり、池のなかには橋がかかり、築山が浮かんでいる、という優雅なイメージである。

この寝殿造という住宅様式は、江戸時代後期の国学者によって定義づけられたものである(図28)。江戸時代後期に、寝殿を中心に、東西の対が渡殿によって

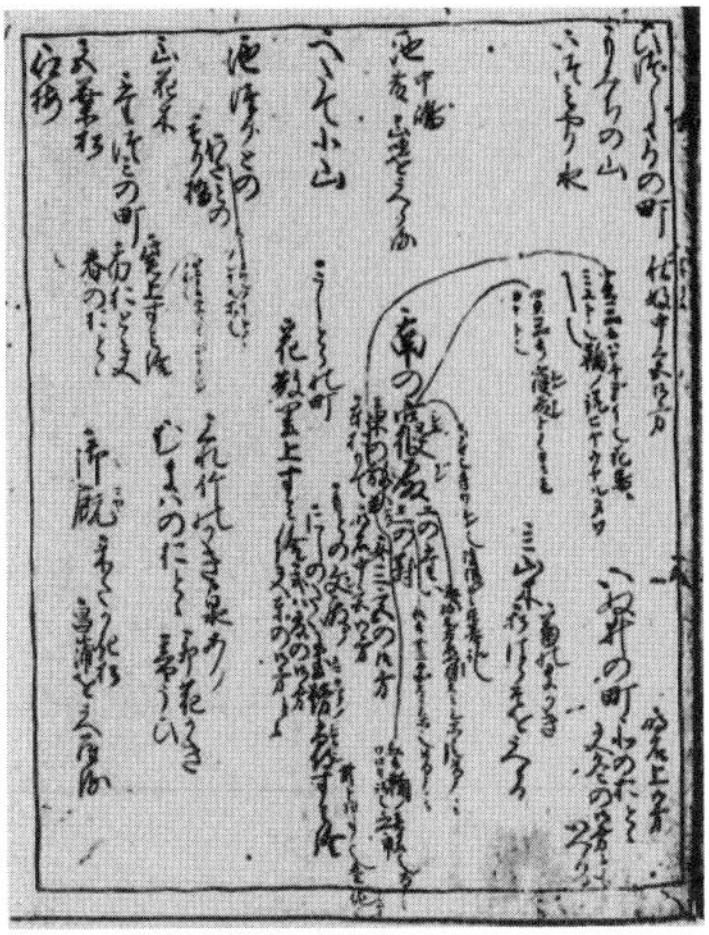

図26 『源氏物語人々居所』(東海大学桃園文庫蔵) 六条院図

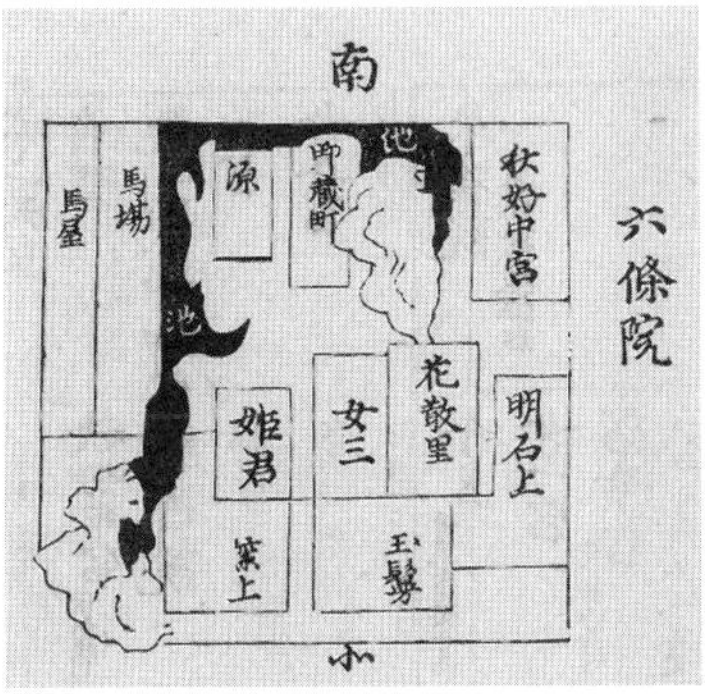

図27 『十帖源氏』(国文学研究資料館蔵) 六条院図

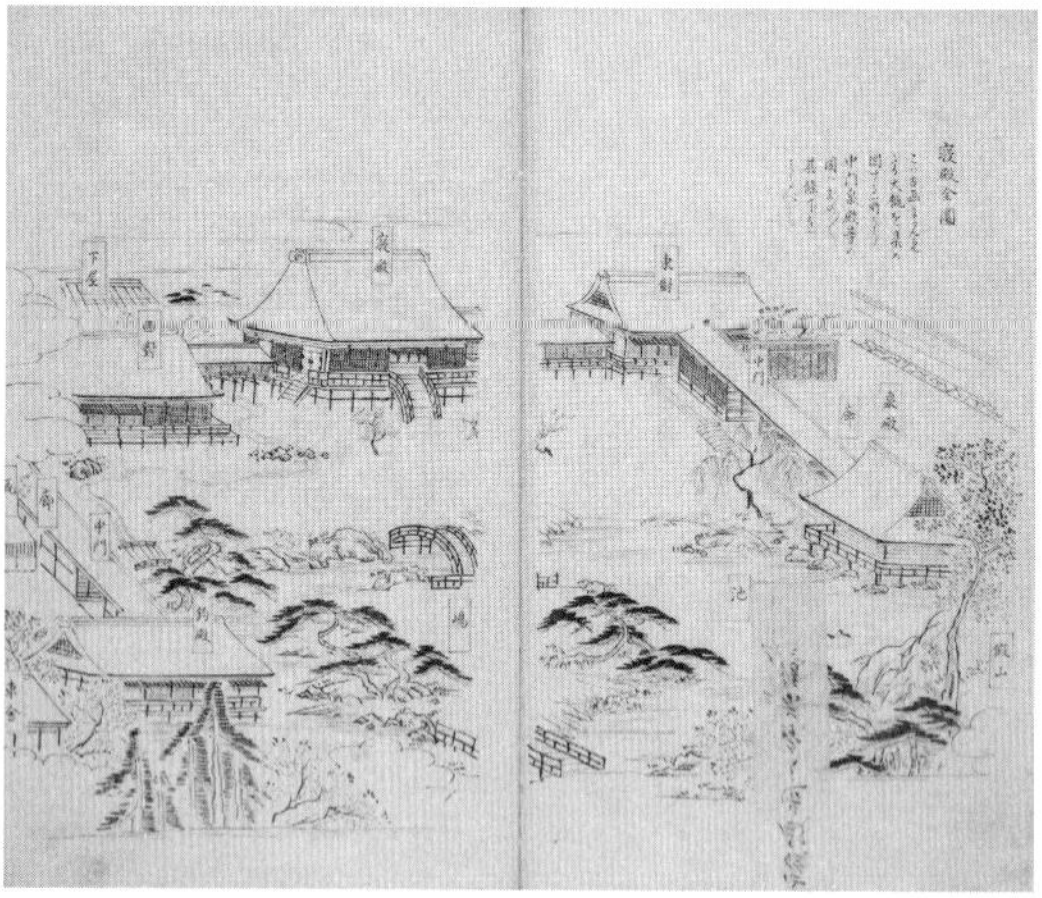

図28　『家屋雑考』沢田名垂著（筑波大学附属図書館蔵）

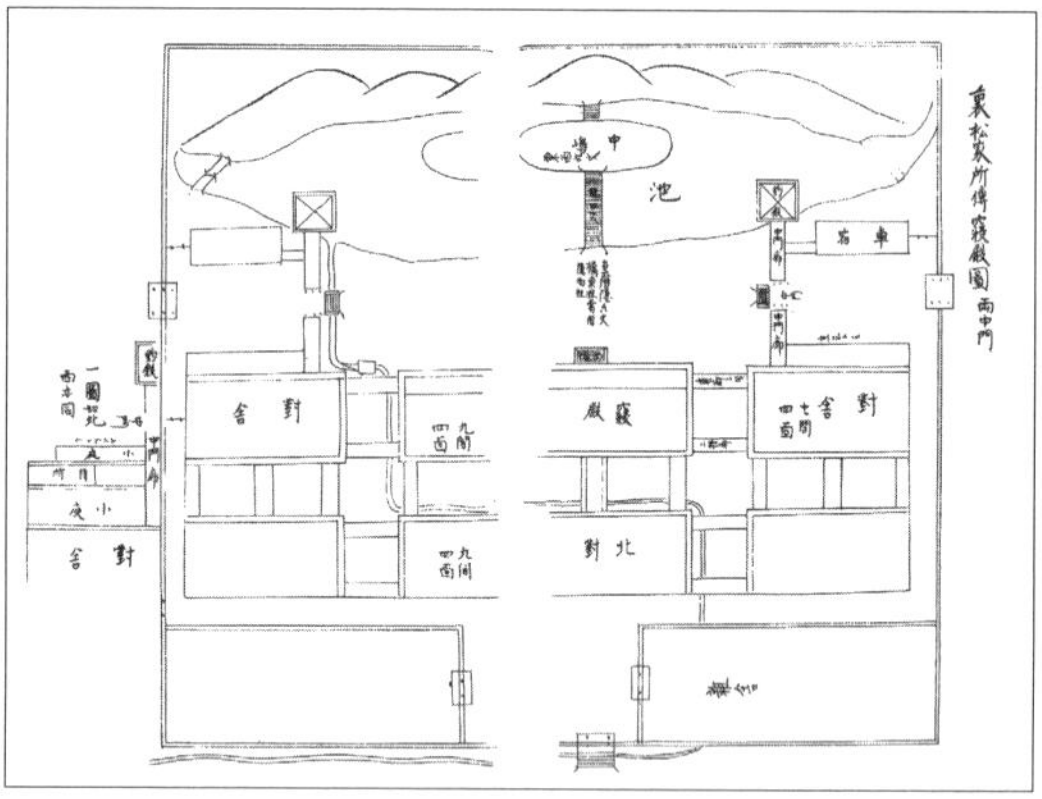

図29　『源氏類聚抄』帚木（松岡行義、宮内庁書陵部蔵）

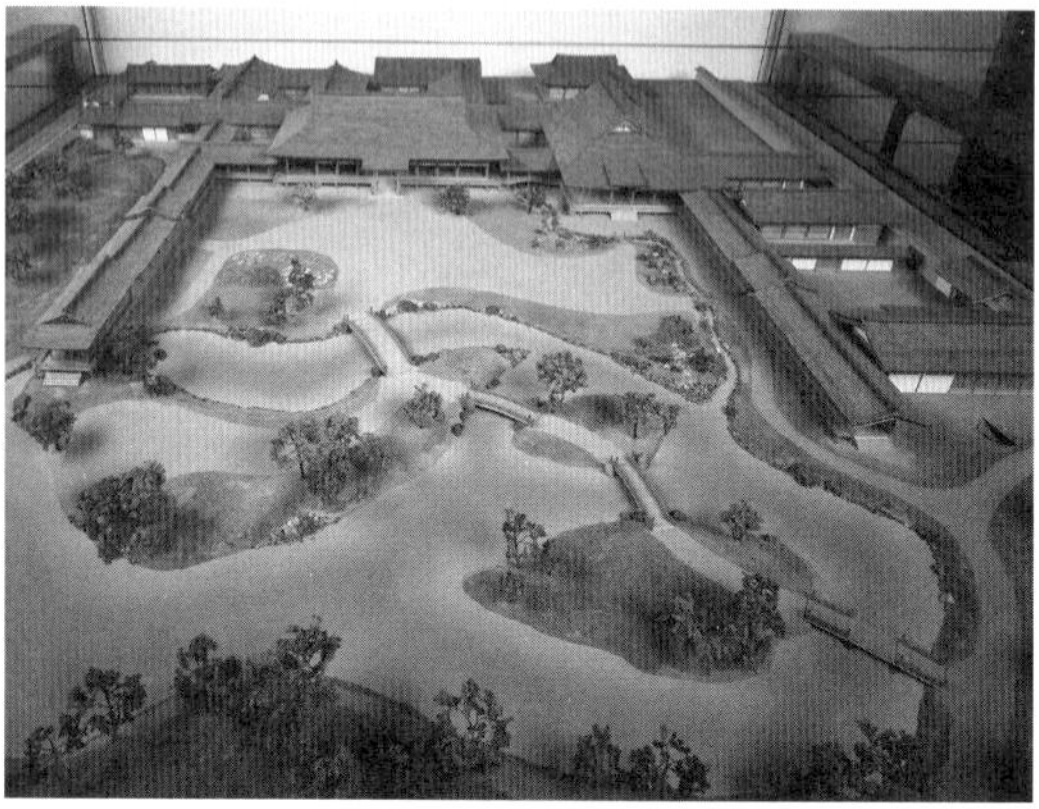

図30　東三条殿復原模型（太田静六復原、国立歴史民俗博物館）

つながれる構成が確立する（図29）。そして今日の寝殿造研究の進展を背景に（図30）、『源氏物語』に示された六条院も今日のかたちに整えられていくのである。

現在、六条院の想定図には、前田松韻、太田静六、福岡女子大学製作の模型（目加田さくを）、中西立太、倉田実などの案が存在する。そして今日、最も多く引用されるのが、建築史家・池浩三の案（図31）と、国文学者・玉上琢弥の案（図32）である。

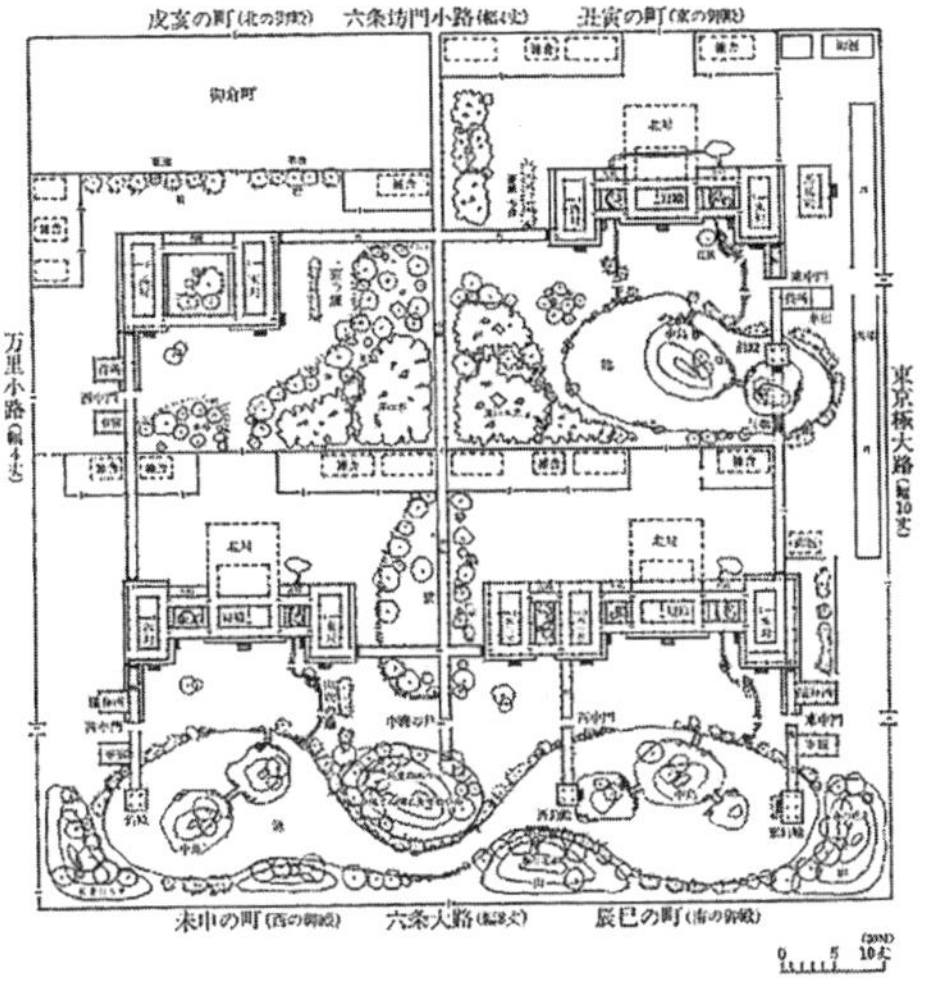

図31　『源氏物語』六条院の想定図（監修：池浩三）

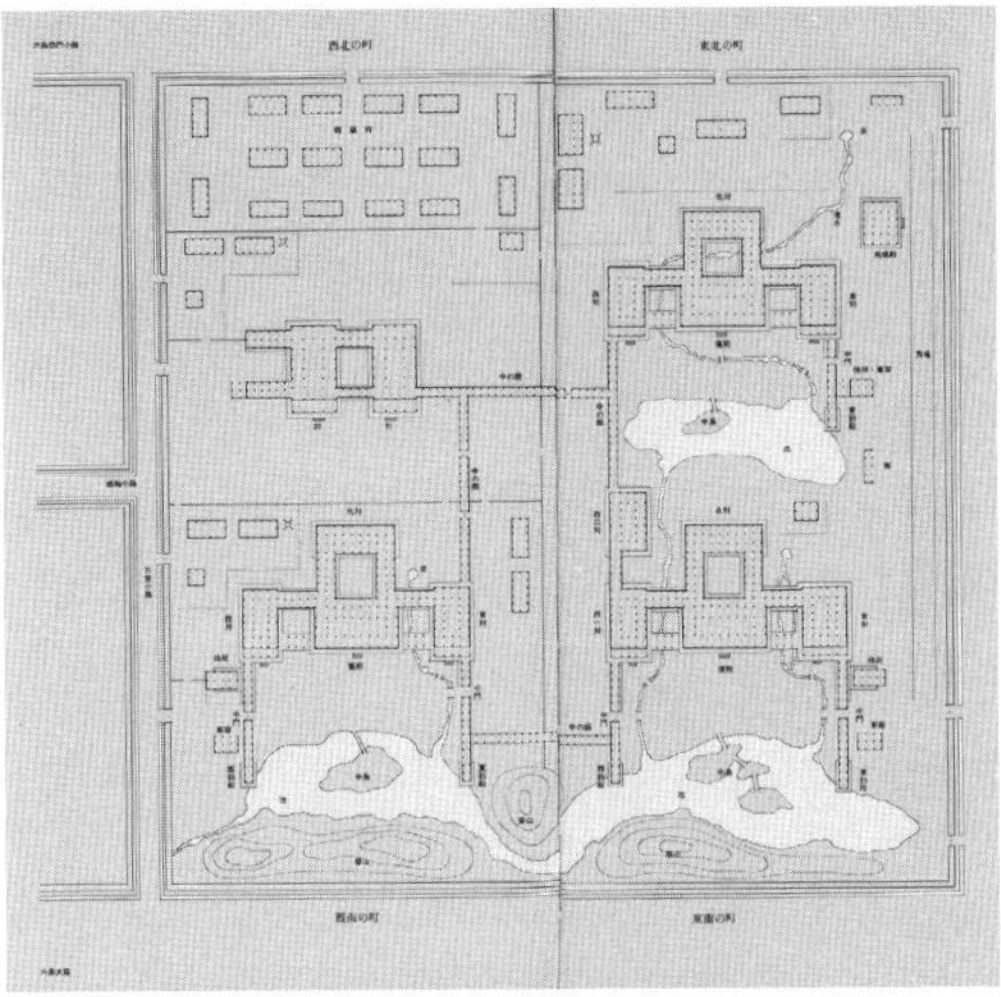

図32　六条院全体配置図（復元：大林組）

復原案の違い

いくつかの違いに着目していこう。池は、寝殿の母屋の柱間を五間にするのに対し、玉上は七間である。この差はどこから生じたのだろうか。

『源氏物語』本文には、六条院邸宅の柱間（柱の数）に関する記述は書かれていない。池は、『源氏物語』梅が枝巻の、按察使《あぜち》大納言家の三人の姫君のために「七間の寝殿を、広く大きく造った」という記述に注目する。七間の寝殿が広く大きいのであれば、『源氏物語』成立時期の一般的な寝殿の母屋の柱間は五間であろうとするのである（図33）。

玉上は、春の御殿に女三の宮と明石姫君が一緒に住んだことをふまえれば、五間では狭く、七間であると主張している。池が根拠とする按察使大納言家の邸宅は、柱と柱の間の距離の寸法を広く大きくしたのであって、七間の寝殿は、平安時代には特別なものではなかったことを指摘する。完成した図面をみると、玉上の想定した邸宅は大ぶりである（図34）。

また、春の町の西対二つをみてみると、池案では東西に並び、玉上案は南北に並んでいる。玉上は、若菜上巻で女三の宮の降嫁に伴い対が増築されたとする立場から、西対を北に造る。池は、天皇の住まう内裏の清涼殿と後涼殿《こうりょうでん》を想定し、東西に並べている。

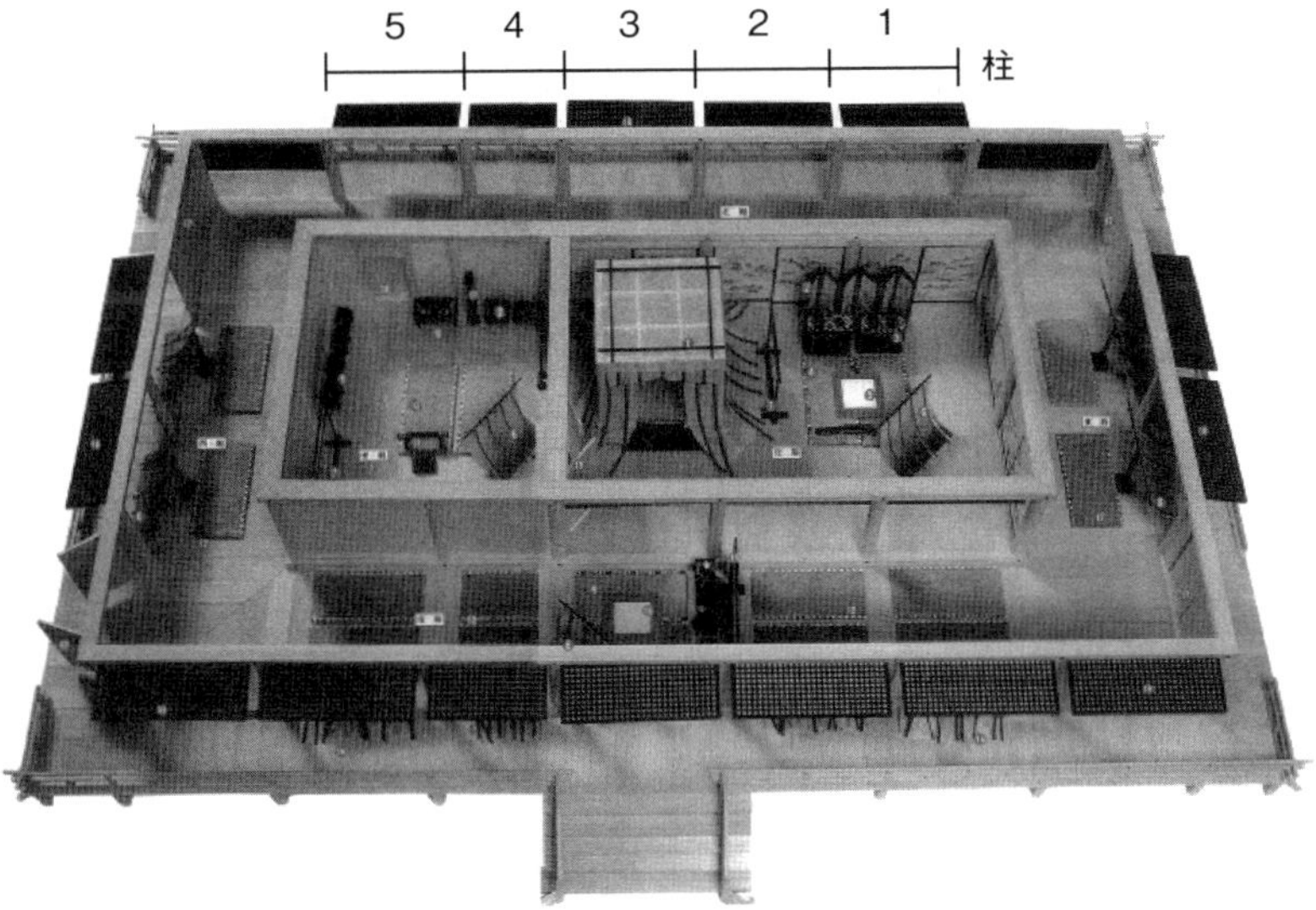

図33　柱５間の寝殿の想定模型（監修：池浩三）

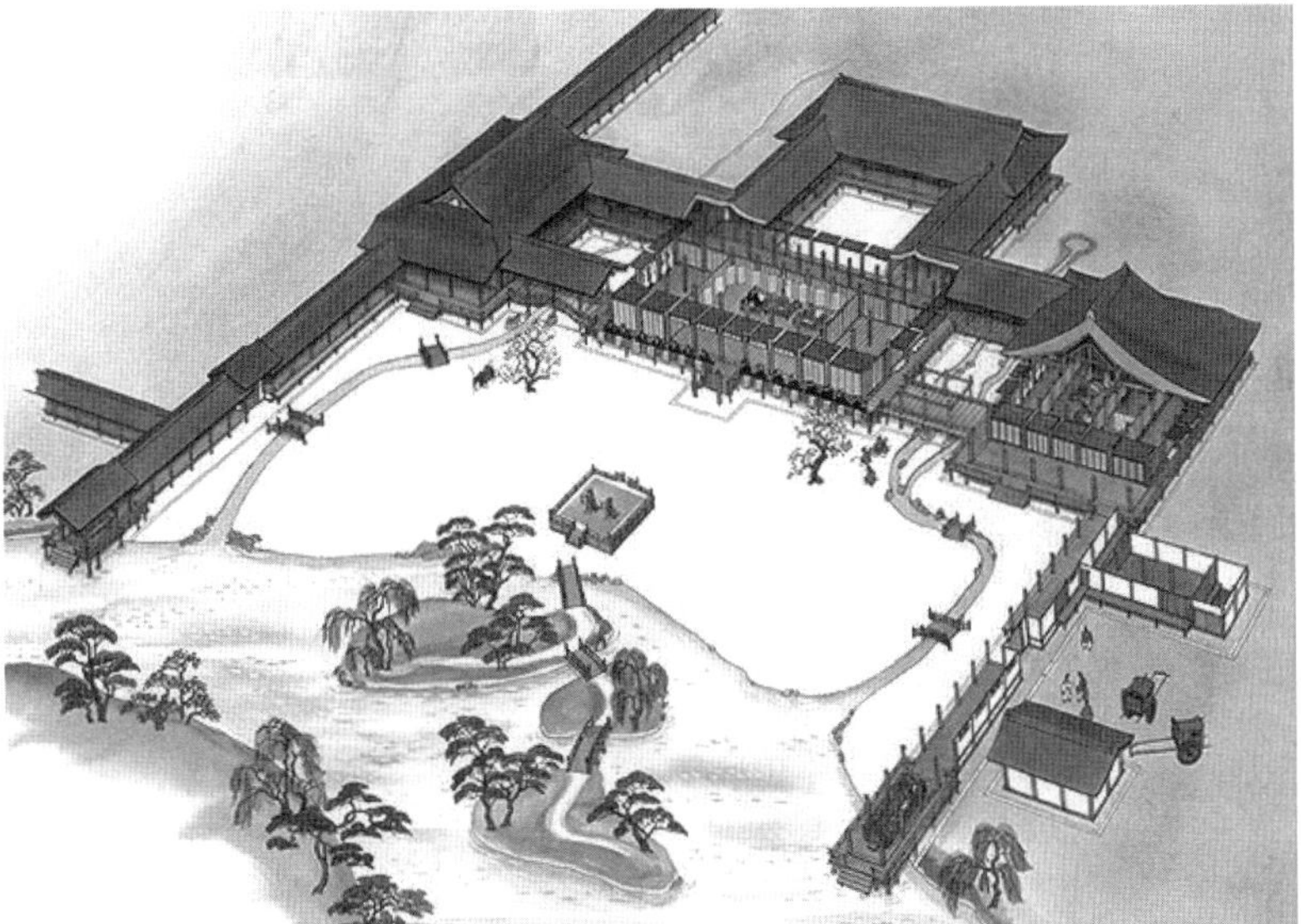

図34　六条院東南の町の画（復元：大林組、画：穂積和夫）

図35　「源氏物語絵巻」藤裏葉巻（住吉具慶筆、MIHO MUSEUM蔵）

さらに、各四町をつなぐ渡廊について、池は、東西二本、南北三本をつなぐ。玉上は、東西二本、南北は春の町と夏の町をつなぐ一本となっている。

渡廊は、藤裏葉巻において、光源氏が太上天皇になぞらえた即位をし、冷泉帝が朱雀院を誘って六条院に行幸する場面に登場する。光源氏・院・帝が夏の町の馬場殿から、春の町の寝殿に移動した際に、中門から秋の町の庭の紅葉を眺めた。ここで、渡廊を歩いたのか、輿《こし》に乗ったのかが、池と玉上、国文学者・倉田実の論争の焦点となっている。

この場面を、江戸時代の画家も考証している。住吉具慶《すみよしぐけい》筆「源氏物語絵巻」（MIHO MUSEUM蔵）の藤裏葉巻は、開放的な寝殿に渡殿が示されている。朱雀院・冷泉帝・光源氏の姿が御簾に隠されている。繧繝縁《うんげんべり》▲の畳は、院と帝の御座《おんざ》と考えられる。「未《ひつじ》下るほどに、南の寝殿におはします」とする物語本文を絵画化しているのである。渡殿の奥に、紅葉や鵜飼いの池があり、秋の町が示されている（図35）。

玉上の六条院の考証は、塗籠《ぬりごめ》がないことが大きな特徴である。塗籠（白壁と妻戸で囲まれた空間）とは、開放的な寝殿造の空間における、壁と扉で囲まれた室《しつ》

繧繝縁　繧繝錦の縁《へり》。また、その縁を用いた畳やしとね。畳、しとねの最上の品で、もとは天皇に、後に上皇、東宮、親王、摂関家の座具、神社の内陣などにも用いられた。

である。浄化の作用がある聖なる場所、婚礼の空間、亡骸《なきがら》を安置する場所として使用された。

　玉上は、『源氏物語』本文には、六条院の場面で塗籠の記述が全く登場してこないため、塗籠を造らなかったとしている。実際に塗籠の造られない寝殿造は、内裏の紫宸殿などに存在した。これに対して池は、六条院の四つの邸宅すべてに塗籠を造る。今日の六条院の想定図には、このように、それぞれの研究者の解釈の違いが投影されていることに気をつけなければいけない。

　六条院の模型としては、京都市の風俗博物館に、四分の一の大きさで、春の御殿の寝殿と対が復原されている。池浩三の監修で、母屋部分のみ、長押《なげし》▲の上の漆喰小壁▲までを作製している（図36）。宇治市源氏物語ミュージアムには、百分の一の六条院模型が展示されている（図37）。こちらは玉上案を基本としている。同ミ

長押　柱と柱との間を、柱の側面から横に打ちつけた材。寝殿造では内《うち》法《のり》長押を上長押、切目長押を下長押という。

小壁　柱材に囲まれた内壁で、内法長押と天井の間の壁など。

図36　『源氏物語』六条院模型（風俗博物館蔵）

図37　『源氏物語』六条院模型（宇治市源氏物語ミュージアム蔵）

ユージアムには、宇治十帖に登場する八宮邸が原寸で建設されている。

京都御所の建築

寝殿造のおもかげを遺している建築はないだろうか。京都市には、江戸時代の天皇の住まいであった京都御所が現存している。いくつかの殿舎のうち、紫宸殿、清涼殿《せいりょうでん》、飛香舎《ひぎょうしゃ》が寝殿造の様相を知るうえで参考になる。これらの殿舎は、江戸時代末期に、故実家・裏松固禅《うらまつこぜん》が、古記録や物語、絵巻などを収集して、平安様式への再現を目指して設計した。

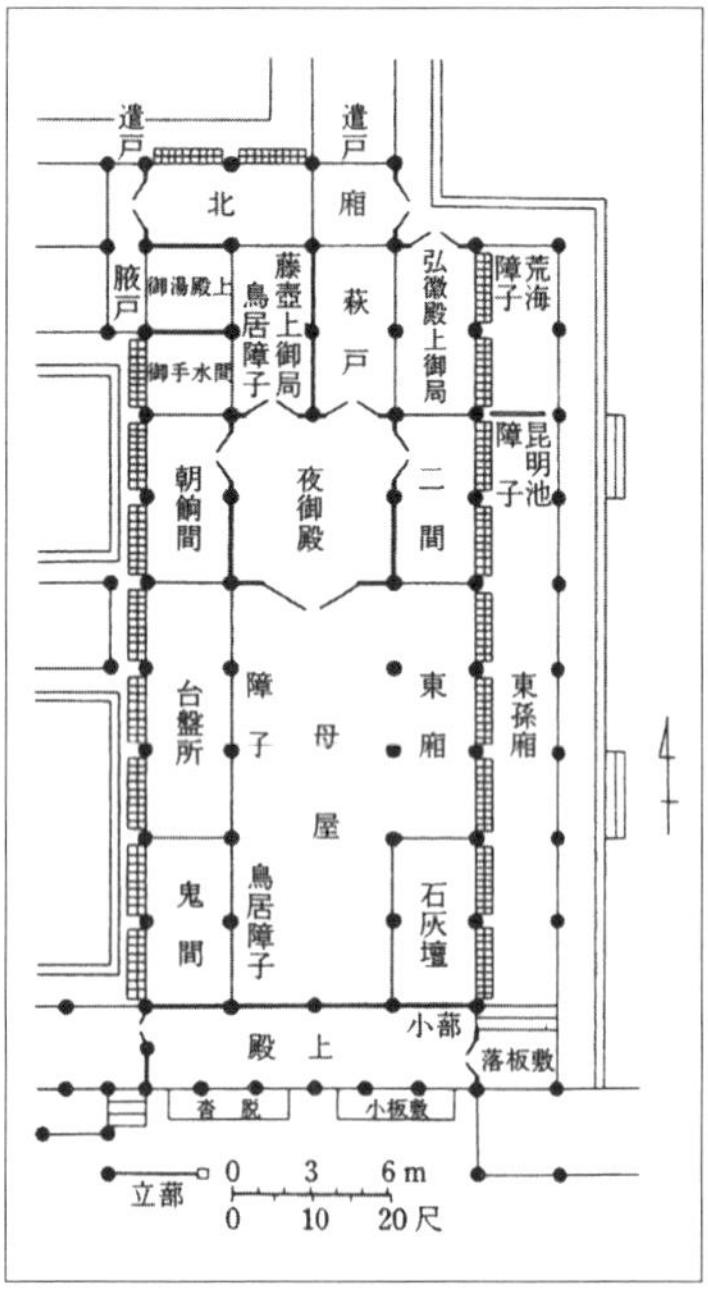

図38　京都御所清涼殿東廂

平安時代には天皇の居住空間であった清涼殿をみてみよう。天皇の座る昼御座《ひのおまし》を中心に、日本全国の名所が襖絵に描かれている。夜御殿《よんのおとど》が塗籠であり、その上に藤壺上御局《ふじつぼのかみみつぼ》、弘徽殿上御局《こきでんのかみみつぼ》がある（図38）。后たちの住まう後宮殿舎は、清涼殿の北側に配置されていたが、最も格式の高い後宮に住んだ二人の局は、藤壺と弘徽殿で、清涼殿に造られていた。

中央に立てられているのが、御帳台《みちょうだい》である。婚姻や出産、崩御には、御帳という帳台が使用された。浜床《はまゆか》という土台に柱を立て、周囲を帷子《かたびら》で覆った寝台である。御帳は、移徙《わたまし》・産所・婚姻・崩御などに使用された。絵巻に示された御帳は、「源氏物語絵巻」や「紫式部日記絵巻」にみられ、女三の宮や中宮彰子などの、皇女や后の座として示されている（図39）。

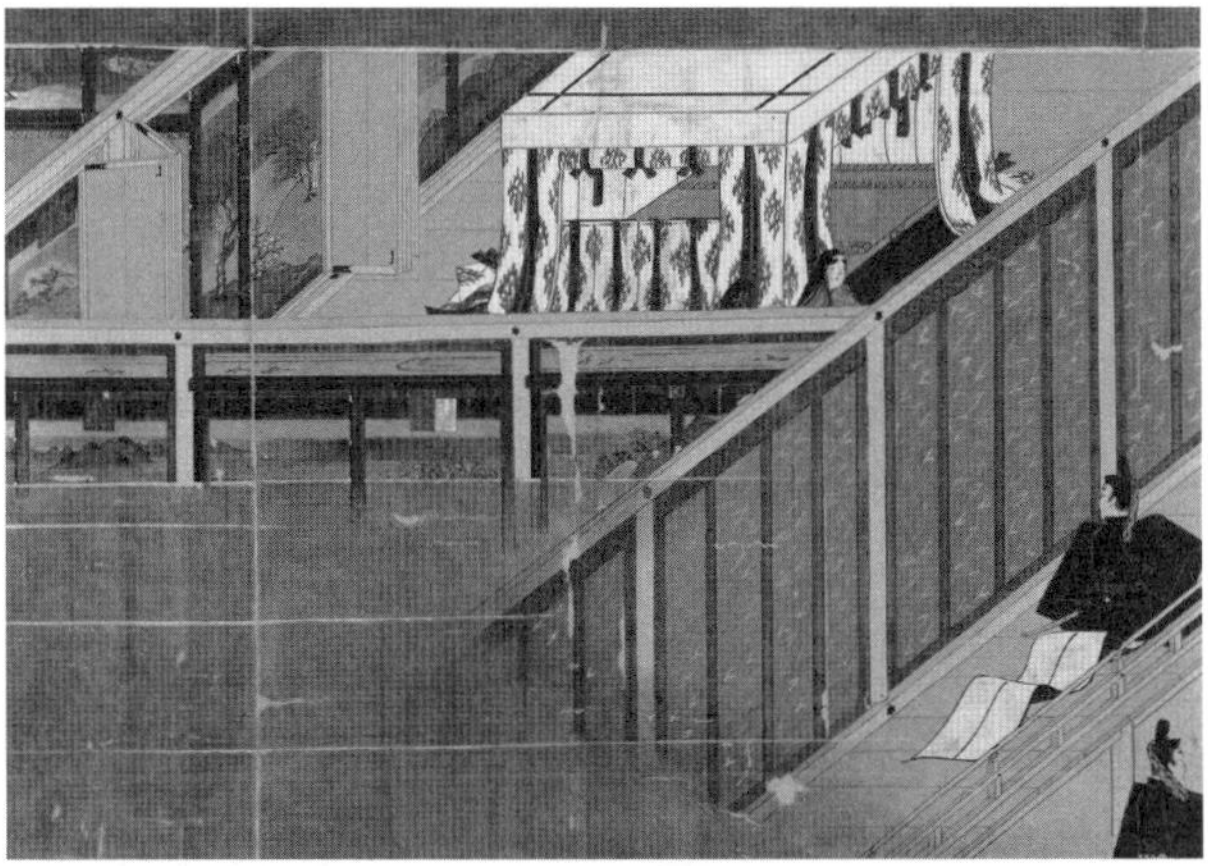

図39 「春日権現験記絵」（東京国立博物館蔵） 御帳

社寺建築

ただ、京都御所の建築は、軒高や建築の組物などに、建てられた当時、江戸時代の要素が反映されていることに気をつけなくてはならない。そこで、現存している社寺建築に寝殿造のおもかげを遺すものはないだろうか。奈良県法隆寺西院伽藍《さいいんがらん》の夢殿の一角に、奈良時代の住宅遺構と伝えられる法隆寺伝法堂がある。この建物は、聖武天皇夫人・橘古那可智《たちばなのこなかち》の住居を移築したものである。

法隆寺の東院伽藍に建つ聖霊院《しょうりょういん》は、鎌倉時代の建設で、黒塗りの細やかな格子に、寝殿造の雰囲気を見出すことができる。同じ奈良県には、室生寺《むろうじ》金堂（宇陀市。図40）、春日大社着到殿（奈良市。図41・42）、十輪院（奈良市。図43）がある。京都府では宇治上《うじがみ》神社拝殿（宇治市。図44）、高山寺石水院（京都市）、東寺大師堂（京都市）、福島県では新宮熊野神社長床（喜多方市）などが参考になる。

図40　室生寺金堂　平安時代初期（宇陀市）

図42　春日大社着到殿（奈良市）

図41　春日大社着到殿　応永20年（1413）（奈良市）

図44　宇治上神社拝殿　13世紀（宇治市）

図43　十輪院　鎌倉時代（奈良市）

図45　えさし藤原の郷　伽羅御所（岩手県奥州市）

図46　毛越寺庭園（岩手県平泉町）

復原施設・模型

岩手県には、寝殿造を知る復原建物がある。えさし藤原の郷《さと》（岩手県奥州市）は、ＮＨＫ大河ドラマ「炎立《ほむらた》つ」の舞台として建設され、現在でも映画やドラマの撮影に使用されている。伽羅《きゃらの》御所には、全国で唯一といえる寝殿造が復原されていて、寝殿と対、釣殿などが建設されている（図45）。釣殿や渡殿に座ると、寝殿造の空間が、植物や水辺と密接な関係にあったことが体感できる。絵画史料や社寺建築からはわかりにくい、寝殿造の天井や、長押《なげし》上の構造が実感できる。同じ岩手県にある毛越寺《もうつうじ》庭園は、平安時代における浄土式庭園池を体感できる（図46）。

原寸で復原された寝殿は、三重県斎宮史跡の斎宮居館がある。近隣の三重県立斎宮歴史博物館には斎宮の居館の模型があるので、あわせて見学すると参考になる。

京都市内を中心に、寝殿造の発掘成果

も蓄積されてきた。京都リサーチパークには、平安時代初期の発掘遺構に基づいた復元模型がある（図47）。この模型では、渡殿がなく、池もないなど、私たちの抱く寝殿造像とは異なる姿である。

母屋と廂の構成

寝殿造の空間とはどのような空間なのだろうか。母屋の四周に廂が付加された

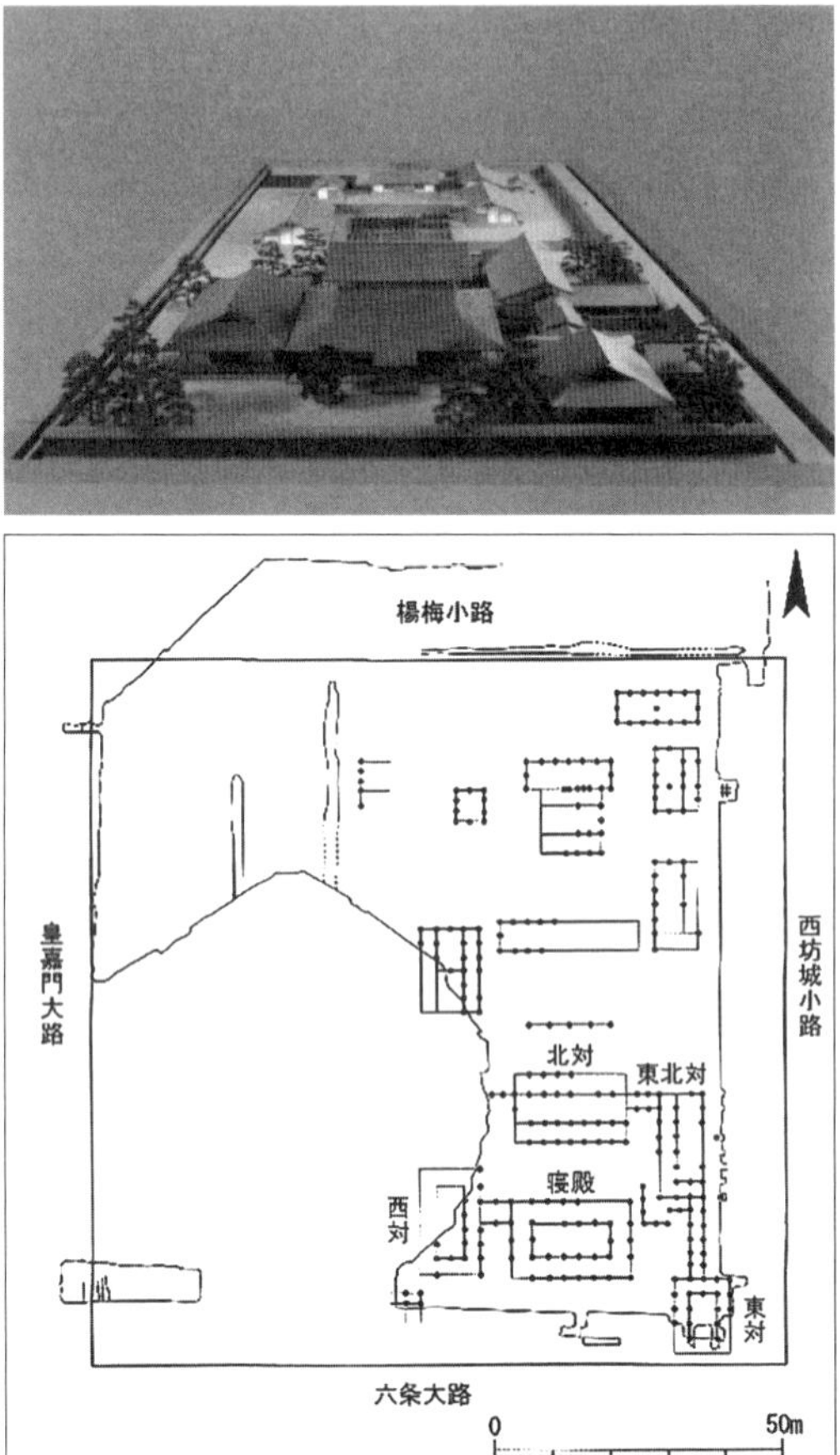

図47　右京六条一坊五町復原図（京都リサーチパーク蔵）平安時代初期（京都市埋蔵文化財研究所協力）

図49　「源氏物語絵巻」（徳川美術館蔵）柏木二

母屋・廂の構成であり、廂の外に、簀子（縁側）という、内部と外部の境界領域を持っている。古来の日本の住宅においては、開放的な空間と閉鎖的な空間を並置する、室《しつ》+堂《どう》という構成が存在していた。室+堂の構成は、天皇が即位して初めての新穀を神に供え、食する大嘗祭《だいじょうさい》の正殿の平面や、住吉大社本殿、奈良時代の住宅である法隆寺伝法堂の前身の建物に示されている（図48）。

母屋・廂・孫廂の構成において、廂と孫廂の間に、段差が生じていたと考えられている。

十二世紀前半に成立した「源氏物語絵巻」（徳川美術館蔵）をみてみよう

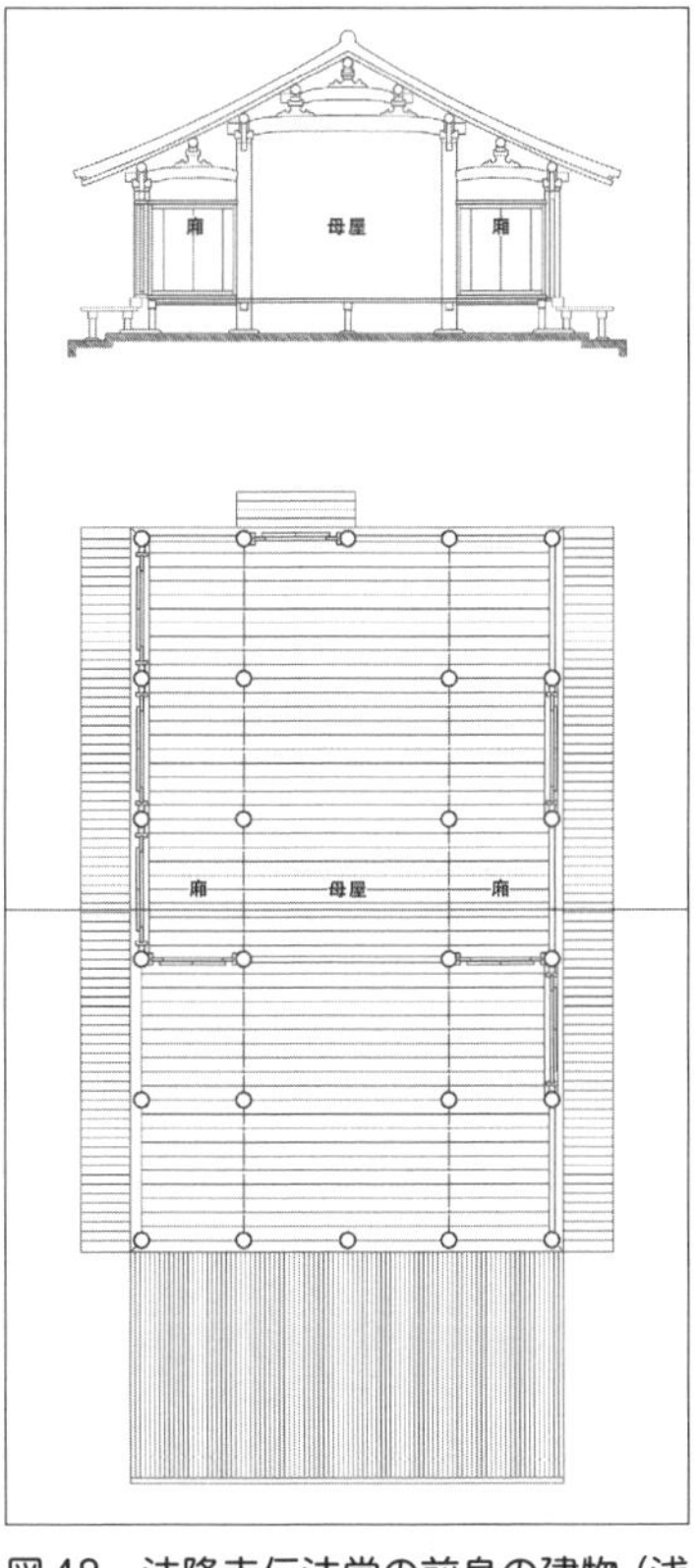

図48　法隆寺伝法堂の前身の建物（浅野清『奈良時代建築の研究』、中央公論美術出版、1969年）

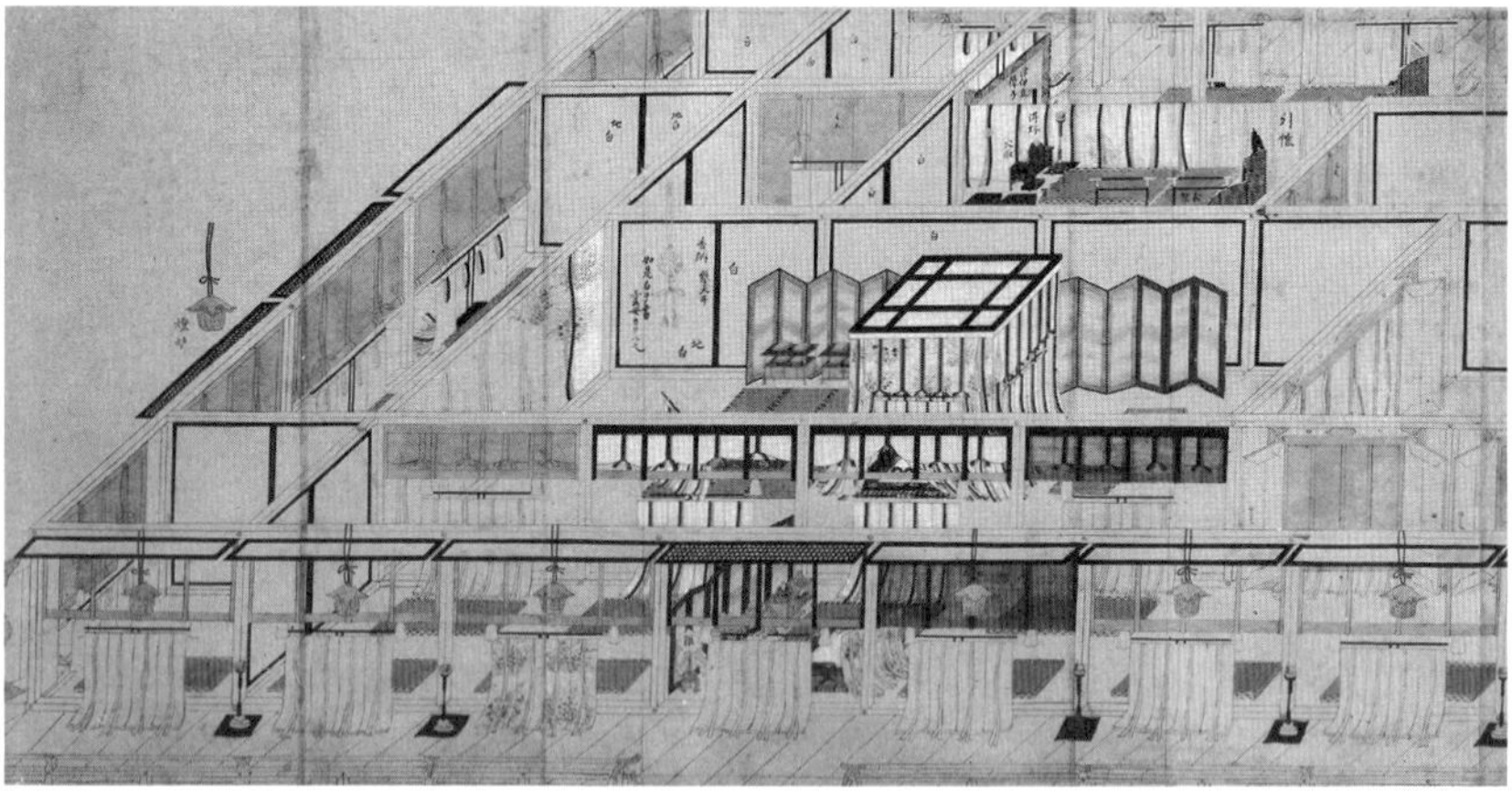

図50　『類聚雑要抄指図巻』東三条殿　巻２（東京国立博物館蔵）　18世紀に絵画化

（図49）。柏木巻二には、女三の宮の出家を聞き、病に臥せる柏木を訪ねる夕霧が描かれる。一段低い孫廂の空間に、悲しみにくれる女房たち五人の姿が描かれている。唐衣《からぎぬ》をつけない略装の女房たちは、柏木と女三の宮の秘密を知る小侍従や弁を含む可能性がある。おしかたまる女房の空間には、几帳や屏風などが描かれている。これらは調度という。

調度による舗設

開放的な寝殿造において、人の生活空間を創り出すために、調度が発展した。奈良時代から、置くことで空間を仕切る衝立障子が確認できる。平安時代の天皇の住まいでは、衝立調度の表に中国の主題、裏側に日本の主題を描くことで、公的な空間と私的な空間を仕切った。平安時代の住空間では、御簾・障子・几帳・屏風・衝立・畳などの調度があり、季節や通過儀礼に伴い、色彩や素材を取り替えた。喪中には墨色、出産では白色で統一された。調度類で空間を仕切ることを舗設《しつらい》という（図50）。調度は、座臥具《ざがぐ》、障屏具《しょうへいぐ》などに分類できる。

黒塗りの格子

寝殿造の外回りの建具は、黒塗の格子で、上にはねあげるなどして使用する。後の中世後期以降の住宅において、建具は、横に引く、引き違いの建具が大部分になる。黒塗の格子は、近世においては、天皇の住まいである御所の外回り、寺院建築の外陣と内陣の境界などに遺るが、失われていった。そのため、黒塗の格子は、近世における絵画において、古代・中世の貴族住宅を示す象徴的な要素となる。

『源氏物語』の男君は、北山・須磨・明石・小野・宇治などを訪れ、そこに住まう女君に出会う。これらの京外の住居は、源氏物語絵において、都の住居とは区別されている。貴族住宅の格子は黒塗のうるし塗り、須磨や明石、小野などの田舎では薄茶色となり、うるし塗りではない素地を示している。また貴族住宅では濃茶の屋根で檜皮葺《ひわだぶき》、薄茶の屋根で板葺、草葺を示している（図51）。

図51　「源氏物語団扇画帖」若紫（国文学研究資料館蔵）　素地の屋根、蔀戸

丸柱の意味

寝殿造の柱は、広廂などの外回りをのぞき、丸柱であったが、建具の収まりのために、側面に角材が取りつけられるようになる。中

図52　「源氏物語団扇画帖」花宴（国文学研究資料館蔵）

世以降、引き違い建具の普及とともに、角柱へと変容する。近世において丸柱は、天皇の御所の表向き空間や神社建築をのぞき、失われてゆく。

十二世紀の「源氏物語絵巻」には、丸柱が描かれている。中世後期以降に制作された源氏物語絵になると、角柱へと変化する。そのなかで、丸柱は格式表現として遺され、近世に制作された物語絵において、丸柱は天皇の住まう邸宅の格式表現となる。

「源氏物語団扇画帖」（国文学研究資料館蔵）は、団扇《うちわ》型に描かれためずらしい源氏物語絵である。制作は十七世紀と考えられる。この団扇画帖の五十四図のなかで、唯一丸柱が採用されている場面がある。花宴《はなのえん》巻のなかで、桜花の宴の後、酔い心地の二十歳の光源氏が、弘徽殿の細殿《ほそどの》で、扇を持った美しい女性（朧月夜）と逢う場所に、丸柱が選択されている（図52）。なぜ丸柱が採用されているのだろうか。それはこの場が、弘徽殿という天皇の后の後宮殿舎であるためである。後宮殿舎の場面を表現するために、絵師は先行図様から格式表現として丸柱を選びとったのである。

四▶打出の心

平安時代の寝殿造は、開放的なひとつの空間であることを確認してきた。女主人には、十数人もの女房が仕えていた。女房が折り重なるようにすわるとき、女房の装束が建築からこぼれ出る。そのこぼれ出た装束が、どのように「打出《うちいで》」という、人が不在の置物になっていったのか。その過程をみていきたい。

打出の成立――人が不在の装飾へ

人が不在の調度としての「打出」は、藤原頼通の時代、『栄花物語 続編』に登場し、院政期に隆盛を極めていった。

服飾文化史の清田倫子は、院政期の服飾文化は、「『源氏物語』『枕草子』の内面的なみやびの冴え、心ばえの深さ、個性的なものの反映ということから逸脱して、宮廷の豪華さを誇示する過剰な装飾の集団美となった」ことを指摘している。華麗な装束の平家が摂関家に代わって外戚となり、平氏の后妃、建春門院、建礼門院が宮廷文化の中心となり、武士階級あるいはその縁故者で宮仕えする者が増えたことが、服飾要素の変化に影響したことを指摘する。

文献史学の野田由紀子は、打出は、摂関期には男性官人の日記には登場しておらず、公的な性格のものとは認知されていなかったという。院政期になると、「家」及び「家格」の成立に伴い、女院や三后、内親王などに仕える女房間の秩序が定まり、女房の位置づけや果たすべき役割が明確化した。女房間にこうした秩序が成立した結果、統一的・組織的な「打出」「出衣《いだしぎぬ》」を事前に準備して、大規模に施すことが容易になったとする。御簾の内に並ぶ女房たちの順番が序列化されたというのである。

文献史学の吉住恭子は、打出の年代的な変遷として、後一条天皇の治世下（一〇一六〜三六年）で頂点をむかえるが、後三条天皇の治世下（一〇六八〜七三年）で、過差《かさ》▲に対する禁制が強化されたために、女房が着用した出衣や押出《おしいで》が、人が不在の打出へと発展してゆくとし、その背景に禁制逃れがあるとする。平安時代において、華美を禁止する過差禁令が出されると、行事において、実際に女房が着用した装束は禁制の対象となるいっぽう、几帳や打出などの置物は、禁制の対象とならないので、華やかに作ることができた、と吉住は指摘しているのである。

ここからは、装束をのぞかせる御簾の内に、また打出のなかに座った女性たち の様子を、平安時代の物語や日記などに拾い、その実態に迫ってゆきたい。

過差　度を過ごすこと。度を越して華美であったり、ぜいたくであったりすること。

踏歌　あらればしり。足で地を踏みながら、調子をとってうたう歌曲。また、中国伝来の行事で、列を作って行進し、その歌をうたって新年を祝うもの。宮中の正月行事。

『源氏物語』の周辺

『源氏物語』に先行する『うつほ物語』『枕草子』は、御簾の内側に女房たちが居並んで装束がこぼれ出る様によって、晴れがましい情景を描き出している。

御簾の内に、女房、桜の唐衣どもくつろかにぬぎ垂れて、藤・山吹など、色々このもしうて、あまた小半蔀《こはじとみ》の御簾よりも押し出でたるほど〔後略〕

（『枕草子』清涼殿の丑寅の隅の）

『源氏物語』花宴巻では、光源氏は、政敵である右大臣家の藤の宴で、女房の袖口が出ていることが宮中の踏歌《とうか》▲のようでふさわしくないと感じている。『源氏物語』までには、「打出」という用語は管見のかぎりみられず、人の着用した装束の一部分が御簾の外に出された状態にある。

『栄花物語 続編』

『栄花物語』には、「打出」が登場する。その多くが、高貴な女性の儀式・仏事に女房が参加した際である。

・祭（春日祭）
・臨時客（頼通邸・枇杷殿）
・大饗《たいきょう》（皇太后妍子《けんし》大饗・師実《もろざね》大饗）
・法華《ほっけ》八講《はっこう》（土御門殿法華三十講・妍子法華八講）
・仏事（法成寺金堂供養・彰子東北院建立念仏会）
・立后（章子内親王立后）
・算賀《さんが》（詮子《せんし》四十賀・倫子六十賀・倫子七十賀）
・裳着（禎子内親王御裳着・章子内親王着袴《ちゃっこ》）
・歌合（内裏歌合・寛子春秋歌合）
・行幸（土御門第行幸・駒競行幸）

早い事例として、女院藤原詮子（道長姉・一条天皇生母）の四十賀《しじゅうのが》▲の催しがある。女院は九月には石山に詣で、帰京した後に法華八講▲を盛大に催した。十月には、女院の算賀《さんが》▲が土御門殿で催された。土御門殿の有様は、眺めも広々としてみごとであった。

四十賀・算賀　高齢の祝賀。賀の祝い。四十歳からはじめて、以後十年ごとに行うが、後には還暦・古希・喜寿・米寿などの祝いも含める。

法華八講　法華経八巻を八座に分けて、一日を朝・夕の二座に分け、一度に一巻ずつ修し、四日間で講じる法会。

中宮（彰子）は西の対《たい》、女院（詮子）は寝殿にいて、帝は寝殿の東廂の南面を座所としていた。殿の上（倫子）は東の対にいて、上達部《かんだちめ》などは渡殿《わたどの》に着座した。諸大夫、殿上人は庭上のあく舎に着席した。女院の女房たちは、寝殿の西南の渡殿にひかえており、御簾の際などは、たいそう壮麗であった。

（詮子四十賀、長保三年（一〇〇一）十月）

明確に「打出」という言葉は使われていないものの、御簾から女房の装束がこぼれ出す様子が窺える。

打出の登場

妍子と三条天皇の間に禎子内親王が誕生すると、三条天皇は内親王と対面するために、土御門第に行幸する。行幸の際には、船上の舞楽が演奏された。御簾の際《きわ》の女房の様子は、言葉にできないほどのあざやかさであったという。

このような御簾際の女房の晴れやかな様子が、「打出したり」という言葉に置き換えられるのは、禎子内親王の十歳の裳着の際である。

禎子内親王の裳着は、土御門殿の西の対で開催され、腰結《こしゆい》役の彰子（伯母）・妍子（母）の御座所は寝殿であった。儀式になると彰子・妍子は、西の対に渡御

あく舎　幄《あく》は、四方に柱をたて、棟《むね》、檐《のき》を渡して造った屋形にかぶせ、四方を囲う幕。あく舎はその小屋。神事、または、朝廷の儀式などのおりに、参列の人を入れるため、臨時に庭に設ける仮屋。

妍子　九九四―一〇二七年。三条天皇の中宮。藤原道長の第二女。母は倫子。十七歳で東宮居貞親王（三条天皇）の室に入った。禎子内親王（陽明門院）を東宮敦良親王（後朱雀天皇）に入れることを得た。

裳着　公家の女子が成長して、初めて裳を着ける式。結婚前の十二、三歳頃に、吉日を選んで行い、あらかじめ依頼した腰結《こしゆい》に裳の腰を結んでもらう。

土御門殿　藤原道長の邸。土御門大路の南、東京極大路の西に位置した。上東門第。京極殿。

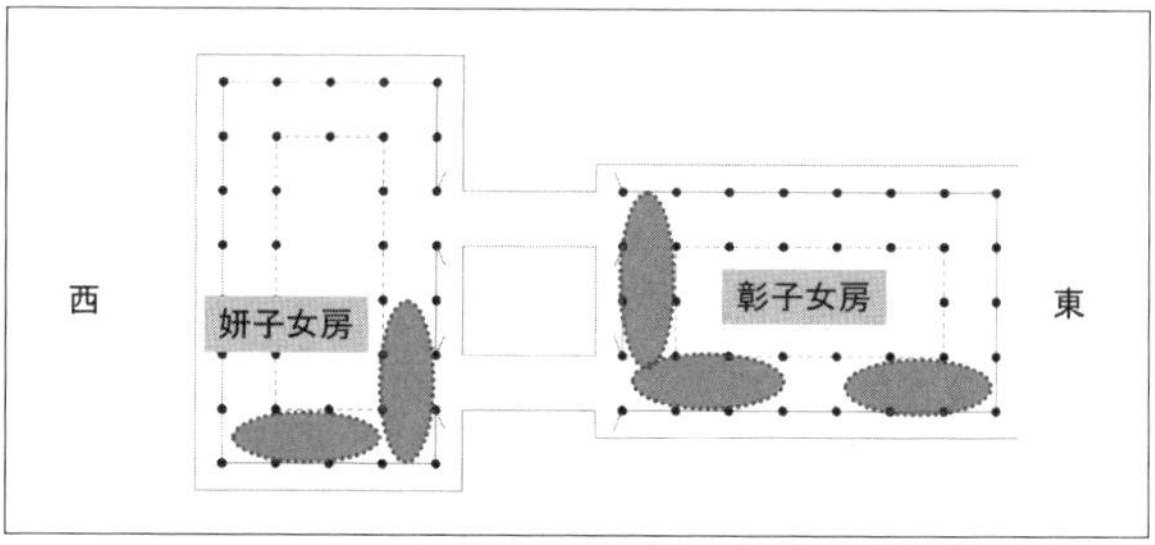

図53　禎子内親王の御裳着（治安３年）　土御門殿（第２期）
（平面図は、位置を表すために試みに作成した概念図。以下同じ）

した。彰子と妍子は、頼通とともに、藤原道長の同母の兄弟であった。それぞれに仕える女房がどこに座っているのかがわかるように、御簾から装束が出されていた（図53）。

　　大宮の女房、寝殿の南より西まで打出したり。藤十人、卯の花十人、躑躅《つつじ》十人、山吹十人ぞある。いみじうおどろおどろしうめでたし。枇杷殿の宮の女房は、西の対の東面、南かけて打出したり。

（禎子内親王の御裳着、治安三年（一〇二三））

　ここで、御簾からこぼれ出た装束を「打出したり」と表現している。彰子と妍子の姉妹に仕える女房たちが互いの装束を競い合うかのように演出している。

　藤原道長の正室である倫子の六十歳の誕生日（六十賀）には、四人の娘が参加する。ここでも、「打出したり」という言葉がみられる。母倫子は寝殿の東、長女彰子は寝殿の北から西渡殿、次女妍子は西の対の東、三女威子は東の対の西、四女喜子は東対の西南を居場所とする。道長一家の打出は、「千年の籬《まがき》の菊、四方の山の紅葉の錦をたち重ねたよう」にめでたい様であった（図54）。

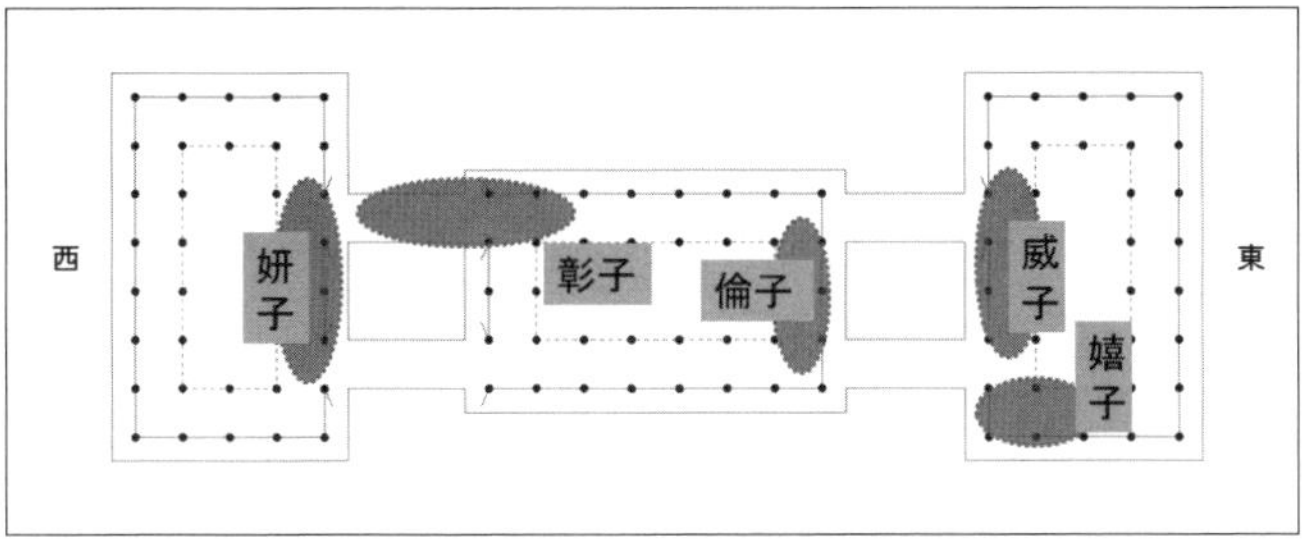

図54　倫子六十賀（治安３年）　土御門殿（第２期）

道長の叱責——皇太后妍子の大饗

その後、打出によるエスカレートしていく。万寿三年（一〇二五）次女・妍子の催した饗宴は、派手な打出が父道長の叱責の対象となってしまう。

皇太后妍子の大饗は、枇杷殿で開催された。前夜から当日にかけて、女房たちは、打出の支度に熱中している。年若い女房たちは、上達部（男性）が簀子に座ることを意識して、他人の装束の色やかさね具合について競争心を抱いている。部屋のある女房は局で、他の里住みの女房は台盤所廊にいて、かりそめに屏風や几帳を立て、隙間なく座っている。女房たちのひいきの男性も局に入りこんでいる。

当日の午前八時すぎ、「女房たちの参入が遅いではないか」と話していると、几帳をかざし、道の人払いをして女房が参入する。枇杷殿の寝殿の階《きざはし》の間に几帳を立て、その西の間から、また渡殿から、また西の対から、東南面まで、一間に二人ずつ座った。階の東の方より東向きに折れて、遣水《やりみず》の上の渡殿までいた。女房たちの衣装の褄がかさなって御簾の下から出ている有様は、三十センチにもみえ、小さな火桶《ひおけ》を置いたかのようであった。

午後二時頃、上達部が来て集まる。関白殿（頼通）や小野宮の右大臣（実資《さねすけ》）が参上し、東の対の母屋に西向きに座った。拝礼が終わると、寝殿の東側の階か

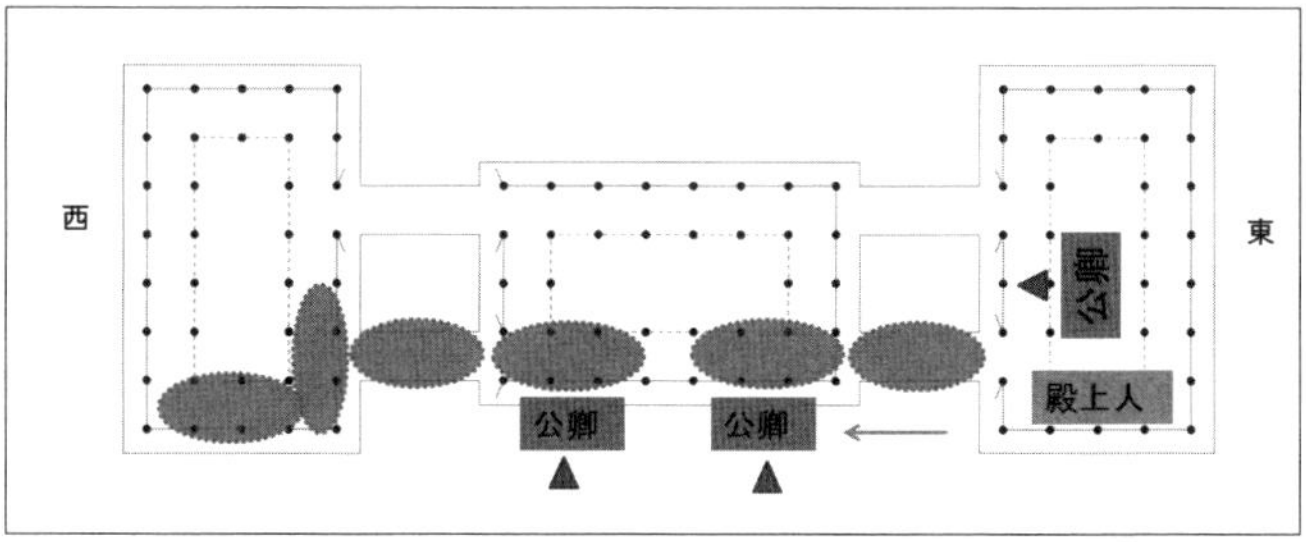

図55　妍子大饗（万寿２年）わかばえ　枇杷殿（第２期）

ら昇り、南の階に、東側の一の座に関白、小野宮の右大臣、中宮大夫などが着座した。装束の裾を高欄に打ちかけて座っていた。御簾際を眺めていると、女房たちの衣裳は、柳・桜・山吹・紅梅・萌黄の五色のなかから、一人三色を選び着用していた。一色を五枚ずつ、三色着た者は袿の枚数は十五枚、あるいは一色を六枚ずつ、七枚ずつにすると十八枚、二十一枚にもなった。さまざまな織物、光沢を出しているものもある。裳は大海の模様で、几帳の帷子は、紅梅・萌黄・桜などの末濃《すそご》で、絵が描かれていた（図55）。

男たちは、お互いに目を合わせて茫然としていた。藤原教通《のりみち》は、直衣姿《のうしすがた》で女房のなかに混ざり、衣の袖口を直したり、髪をなでたりするので、女房たちは困って、顔は赤くなる心地で、体は冷汗で冷たくなった。女房たちの服装の華美に対して、藤原頼通は怒った。話を聞いた道長も立腹して、頼通の不行き届きを責めたという。「大事な儀式の際には六枚だけ」という規則を、宮が破ったことは承知できない、と大声で叱った、というのである。

華美な打出は、出過ぎた行為であった。

長元七年（一〇三四）の朝覲行幸では、

女房えもいはず装束きて、おしこりてさぶらふ、打出づることはなし

（『栄花物語』歌合）

女房たちは華麗な装束を着て、おしかたまってひかえている。御簾から装束を出すことはない。行事の緊張感が伝わってくるようである。

わざとなう――堀河天皇の指図した打出

いっぽう、邸内からひかえめにこぼれ出した装束は、好意的に記されることが多い。

御簾の内よりわざとなう［中略］漏り出でたる袖口どもなど

（『狭衣物語』）

藤壺の上の御壺に、つぶとえもいはぬ打出ども、わざとなくこぼれ出でて

（『大鏡』応和四年（九六四）二月五日、為平親王子の日の御遊）

平安時代後期に、堀河天皇に仕えた讃岐典侍《さぬきないしのすけ》藤原長子によって書かれた、『讃岐典侍日記』をみてみよう。堀河天皇が清涼殿に仕える女房たちの装束を、わざと出したというのではなく、偶然そこに居合わせたように出せ、と指示した話が

ある。

讃岐典侍は、皇后宮の御方の細殿の几帳や衣服の袖口に、堀河天皇の一昨年の出来事を思い出す。堀河天皇は、上の御局で、人々の衣服の美しい様子をご覧になり、「上臈、下臈と区別せずに、あれこれ出そう。わざと出したというのではなくて、物陰からはずれて、たまたまそこに座り合わせていたようにせよ」とおっしゃった。「一の間にはお前出せ」という。他の女房たちの袖口がみな竜胆襲《りんどうがさね》なのに、私の唐衣は色の異なる赤色なので、見苦しいのではと申すと、「遠くて何がみえよう。その人という名を書きつけてもいない。けっしてみえはしない」といい、小半部を通してみて、「あの袖をもう少し前に出せ。これを少し引き入れよ」などとおっしゃった。

『栄花物語続編』(一〇三〇~九二年)、『讃岐典侍日記』(一一〇九年)までは、実際に女房が着用している話が書かれている。そしてその後、『たまきはる』(一二一九年成立)や『とはずがたり』(一三一三年頃成立)には、打出の後ろに座る女房が書かれている。

打出の内側——女房の空間

『栄花物語』の「打出したり」とする記事や、堀河天皇の打出も、実際に着用した装束を出しているように思われる。その後、院政期には、人物が不在の打出が確立する。院政期から鎌倉時代に成立した中世宮廷女房日記をみていこう。『たまきはる』▲は、藤原俊成娘・健御前《けんごぜん》で、建春門院に仕えた女房が記した日記である。

朝観の行幸の日に、法住寺殿の寝殿を、御しつらいをして、東の二棟と寝殿の東端にかけてが女院方の場所であった。打出の前から寝殿の東廂、台盤所まで、いつものように女房が着飾って、朝の八時ごろから居並んでいたが、年輩の者でなくては、誰も御輿の入御《にゅうぎょ》をみることはできない。ただ乱声《らんじょう》▲の楽の音を聞くばかりであった。

御拝《ごはい》といわれた儀が終わって、昼の御御所《おんごしょ》の御簾を下ろしたなかの、西二間は主上の女房、東の一間は院方の、中の二間は女院方の女房の席であった。隙間もなく、美しかった衣が褄か袖かも見分けられぬほどに、中の戸の際まで、上臈を端として、座らされた。舞などが始まって、主上が内へ入ってきた。隙間もなく座った女房のなかを見まわして、押し分けてお通りになった。

『たまきはる』　鎌倉前期、後白河院の妃建春門院（平滋子《しげこ》）に仕え、中納言と呼ばれた女房の日記。作者は保元二年（一一五七）生まれ、没年は不明。父は藤原俊成、母は藤原親《ちか》忠《ただ》の娘美福門院加賀で、藤原定家の同母姉にあたる。二度の宮仕えを主とした四十余年の回想記で、奥書に「建保七年（一二一九）三月三日書了」とみえる。作者が六十三歳のおりであった。

乱声　雅楽の鼓笛の曲。神事・行幸・舞楽・競《くら》べ馬（＝競馬）などを始めるときに演奏する。笛・太鼓・鉦《かね》などを急テンポで拍子《ひょうし》にとらわれずに鳴らすので、旋律が重複してせわしく乱雑に聞こえる。

村濃　染色の名。同じ色でところどころに濃いところと薄いところのあるもの。

打出の前から台盤所まで、女房たちはずらりと座っていた。そのなかを天皇は押し分けて入っていったわけである。

承安三年（一一七三）十月だったか、御堂供養といった折こそ、女房の装束は華麗であった。打出は皆紅、黄地の錦の表着《うわぎ》、青地の唐衣であったか、よくは覚えていない。唐花の枝の五寸ぐらいあるのを金で作り、褄や袖につけられた。女房四十人がみな、蘇芳村濃《すおうむらご》▲に、表着、唐衣、裳の腰すべてが村濃である。表着、唐衣には、花結び、刺繍、飾り物を置き、金の細工物をつけ、箔を押しなどしていた。唐衣には紐をはり、袴は五重や三重につけ、金銀の泥で彩色し、下絵を描いて箔を置いた。雑仕《ぞうし》、召使は紫村濃や青村濃だったと聞いた。

打出は、紅で黄地の錦の表着、青地の唐衣。女房四十人は蘇芳村濃にそろえ、飾り物や金を混ぜた華やかなものであった。雑仕、召使もそろいの装束であった。

女院の御服は、同じ文様の黄地の唐錦六重に内御衣《うんおんぞ》、表着、唐衣で、表は

大行道　大勢の僧尼が行列して経を読みながら仏像や仏殿の周囲をめぐること。また、その盛大な儀式。大規模な行道。

『とはずがたり』　鎌倉後期の日記。後深草上皇に愛された二条（源雅忠の娘）の著。十四歳で上皇の寵愛を受けて以来の恋の遍歴と、三十二歳で出家した後、西行の跡を慕って諸国を旅する様を描く。

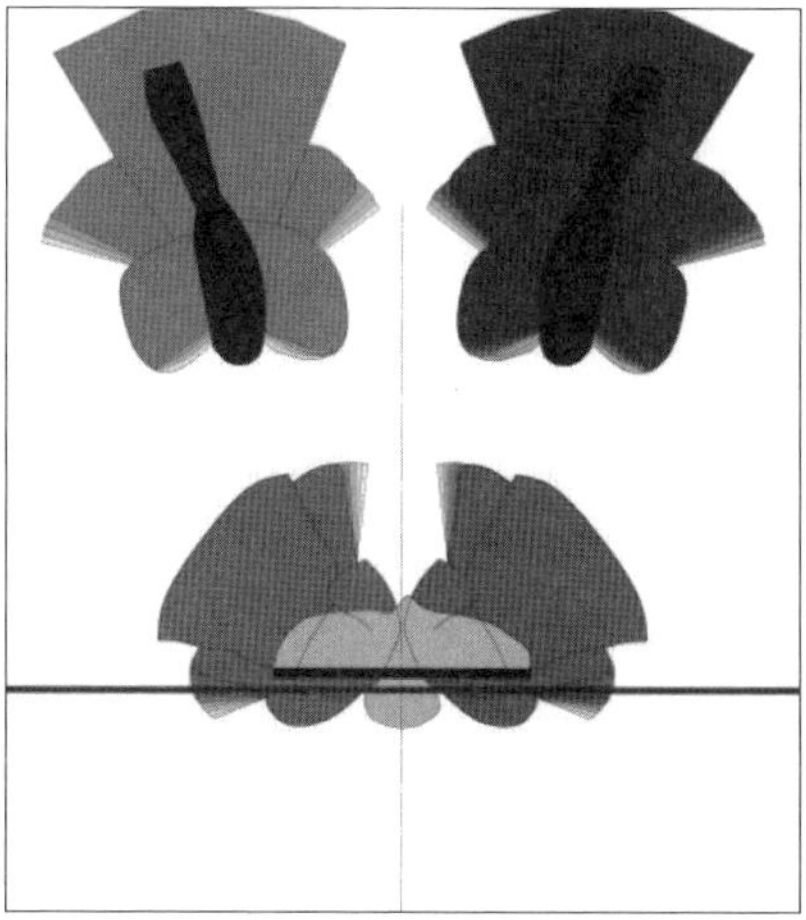

図56　打出の内側にすわる女房の想定図

みな錦と聞いたが、御裾を打ち返してあった。ひどく重いということで、帥《そち》殿《どの》が御堂の端にある御所へ持参したのをみただけだから、色合いなどよく覚えていない。ただ白地の錦の二つ小袖、赤地の錦の御袴をお召しになって、上には普通の薄御衣だけで、道中、「あまりにくつろぎすぎているね」と言って、笑いながらお通りになった姿は、やはり世になく美しかった。

その日は打出の前に整然と座らされた後、行幸も大行道《だいぎょうどう》▲も全くみえなかった。打出の高さが座った丈よりも高かったから、外の様子をどうしてみられよう。かえって局にいた人がみたとかいうことだった。

女房は、打出の内側にすわり、隙間もないほどであった。めの前には、打出が置かれているので、外の景色をみることができなかったのである（図56）。

打出の内側に座る女房たちと主人との関係を示す話がある。後深草院の宮廷に育ち、院から寵愛を受けた二条大納言久我雅忠の娘が記した、『とはずがたり』▲（一三〇六年以後）の打出にまつわる話である。

翌年の正月末に、大宮院からお手紙があった。

「北山の准后の九十の御賀を、この春行おうと考えて準備を急いでいます。そなたの里住みもずいぶんになったが、何の不都合なことがあるでしょうか。打出で衣の人数に加えようと思います。准后の御方に伺候《しこう》しなさい」とおっしゃる。

「当然伺候申しあげるべき御事ではございますが、御所様がご不快なご機嫌なので里住みをしておりますのに、何がうれしくて、打出衣の際に参りましょうか」と申しあげると、

「万事差し支えないでしょう。そのうえ、准后の御事は、特に幼い時から故《こ》大納言典侍《だいなごんないしのすけ》といい、そなたといい、わが子同然だったのだから、このような一世一代のご祝賀でお世話を申しあげるのに、何の不都合なことがあるでしょうか」など、おっしゃるのを伺って、参上する由を申しあげた。

祝い事では縁の深い若い女性が頭数に入り、参加することが望まれていたのである。

その後、九十賀の和歌会の後に、蹴鞠が行われるというので、二条たち女

房は、色とりどりの袖を出衣として出した。御門・春宮《とうぐう》・新院・関白殿・内大臣をはじめとして、思い思いの姿は、見どころが多かったという。

打出の外にすわる男たち

男性貴族が記した古記録には、打出はどのように記されているのだろうか。打出は、『中右記』（藤原宗忠日記、一〇八七～一一三八年）から用例が増えるようになる。打出の装飾を置いて、後ろに女性が座る様相と考えられる。

弘徽殿御八講において、中宮御所の弘徽殿の東北方に、女房が出衣をしている。前斎院御所は、常寧殿の西廂二間、南西面に女房の打出がある。四日間替えている。過差美麗のため、詳しくは書き記さない。

（長治元年（一一〇四）八月六日条）

高陽院の東の対の南庭で拝礼があった。寝殿及び西渡殿は、太后（藤原寛子）と北政所（源麗子）の御座であった。そのため、女房の打出がある。

（長治二年一月一日条）

三条烏丸《さんじょうからすま》御所において、皇后宮御所で対面があった。暁に皇后宮が渡御して、寝殿東廂を御所とした。西二間に女房打出（黄《き》款冬衣《かんふゆぎぬ》）があった。

（保安元年（一一二〇）二月二日条）

打出があることによって、建築に高貴な女性と女房の座があることを、日記の筆者が認識している。また、華麗な様で、詳しく書き出すことはできない、という記事が散見される。

還御の人々の装束は、美麗に過ぎる。女房打出は、金銀錦繡・珠玉・鏡などで、詳しく書き記さない。

（和歌会、永長元年（一〇九六）二月二十三日条）

大嘗会御禊なのに、大北政所の桟敷《さじき》は、誠にもって、華美な打出である。

（大嘗会御禊、天仁元年（一一〇八）十月二十一日条）

（白河院が）仰せていうには「来月二十九日に新御願寺（法勝寺）の供養がある。しかるに皇后宮が行啓しようとしている。ただし服喪三ヶ月の期間内である。憚りがあるだろうか」。人々が申されるには「憚りがあるだろう。

以日易月　日を以て月に易《か》える。一年の服喪期間を十三日に短縮する。

女房打出については、服喪の期間ゆえ美服は必ずや適切ではないでしょう。天皇や院においては、以日易月の原則で服喪期間後のことになる。だから憚りはない。皇后宮においては憚りがある」。（白河院が）仰せていうには「それならば皇后は行啓すべきではないだろう」と。「また来る十一月の春日祭での皇后宮からの使者も停止するように」。（永久二年（一一一四）十月七日条）

打出は、女院の権勢を誇示する演出ともなった。それに対する非難もみられる。九条兼実『玉葉』などもみよう。

石清水臨時祭に、七条院（藤原殖子《しょくし》）が参加して打出をした。美福門院の際には、鳥羽院が不参加とすることで謙譲としたのに、参加するとはどういうことか。しかし七条院自身は身体の障りがあって昇殿できなかった。果たして七条院が不在の状態で、女房が打出をすることに意味があったのだろうか。

（『玉葉』建久四年（一一九三）四月二十八日条）

入内の際の打出をどうしたらよいだろうか。陽明門院（禎子内親王）の際は打出があり、郁芳門院の際は打出がなかった。この差をどうするか。人々

紫宸殿　平安京内裏の正殿。仁寿殿《じじゅうでん》の南に位置することから南殿・前殿とも呼ばれた。即位・朝賀・節会など晴儀の場とされた。殿前の広場は南庭といい、左右に植えられた桜（当初は梅）と橘は、儀式の際、近衛の官人が陣したことから左近《さこん》の桜、右近《うこん》の橘と称された。

がいうには、紫宸殿▲で打出をするというのはあまりないことである。

（『玉葉』承安四年（一一七四）五月十九日条）

法勝寺三十講結願において、中宮の御所は世間を憚って、打出がなかった。

（『中右記』大治五年（一一三〇）五月三日条）

中宮建礼門院は東国で反乱が起こっているために打出がない。

（『山槐記』治承四年（一一八〇）十二月二十五日条）

右大臣兼実の児「乙童」の着袴の儀を行った。廂に几帳帷《とばり》を懸けず、西から東四間に几帳帷子があった。但し打出がなく、よって略儀である。

（『玉葉』安元二年（一一七六）三月十日条）

打出は、東国での反乱といった異常事が起こっている際や公的な儀式では憚られることがあった。いっぽう、略儀の際には打出がなかった。打出は、行事の際に、女主人と女房の座を装飾したが、その意匠は、派手すぎず、しかも儀礼空間に華やぎを添えるものだという、微妙な均衡が求められたのである。

五▶打出の演出の展開

さらに、記録史料や指図を用いて、打出の例を検討することで、打出が演出された場を復原していきたい。

歌合という場

平安時代後期から鎌倉時代にかけて、行事の空間に打出をしたものは多量にある。

①行事の際に、女院・后の座所周辺を装飾する
②拝礼・通過儀礼の空間を装飾する
③使いを迎える妻戸口や南面を装飾する

などをみることができる。

女性が主催者となり、打出を演出した行事に絞ってみていこう。

平安時代において、女性が主催者となり、男性官人が参加した行事に、歌合がある。歌合とは、左と右に分かれて歌の優劣を競いあった遊びである。

平安時代の歌合では、女房が主導的な立場を担った。男女混合による歌合、斎院・皇后・内親王などの女性主催の歌合が開催された。歌合に女性が参加する場合、外から見えないように、御簾のなかにすわるという配慮がなされた。延喜十三年（九〇三）亭子院の歌合は、左方の講師《こうじ》が女房で、御簾を一尺五寸ばかり巻き上げて、歌を詠み上げた（『袋草紙』）という。

天徳四年内裏歌合

『源氏物語』の絵合巻に参照された、村上朝に開催された天徳四年（九六〇）の内裏歌合をみていこう。

村上天皇を中心に、女房・公卿・殿上人・殿上童・楽所《がくそ》の召人《めしうど》の計八十九名もの人々が参加した。清涼殿の西廂（鬼間《おにのま》・台盤所・朝餉間《あさがれいのま》）という天皇の日常生活の空間と女房の詰所を会場とし、廂・簀子・渡殿・対の簀子・小庭からなる空間を使用して催された。

『村上天皇御記《むらかみてんのうぎょき》』の冒頭には、「典侍命婦が男は漢詩で闘うが、女は和歌で闘う」と述べており、この歌合は女房の主導で開催された。

清涼殿西廂の鬼間・台盤所・朝餉間の七間に御簾を垂れ、会場とした。台

講師　宮中の歌会、歌合、漢詩の会などで、詩歌を詠み上げる役。

『村上天皇御記』　村上天皇の日記。『天暦御記』などとも呼ばれる。もと三十巻あったと推定されるが、現在は散逸し、わずかに『延喜天暦御記抄』のなかに一部分が伝わり、また天暦三年（九四九）より康保四年（九六七）の間の逸文があるのみ。

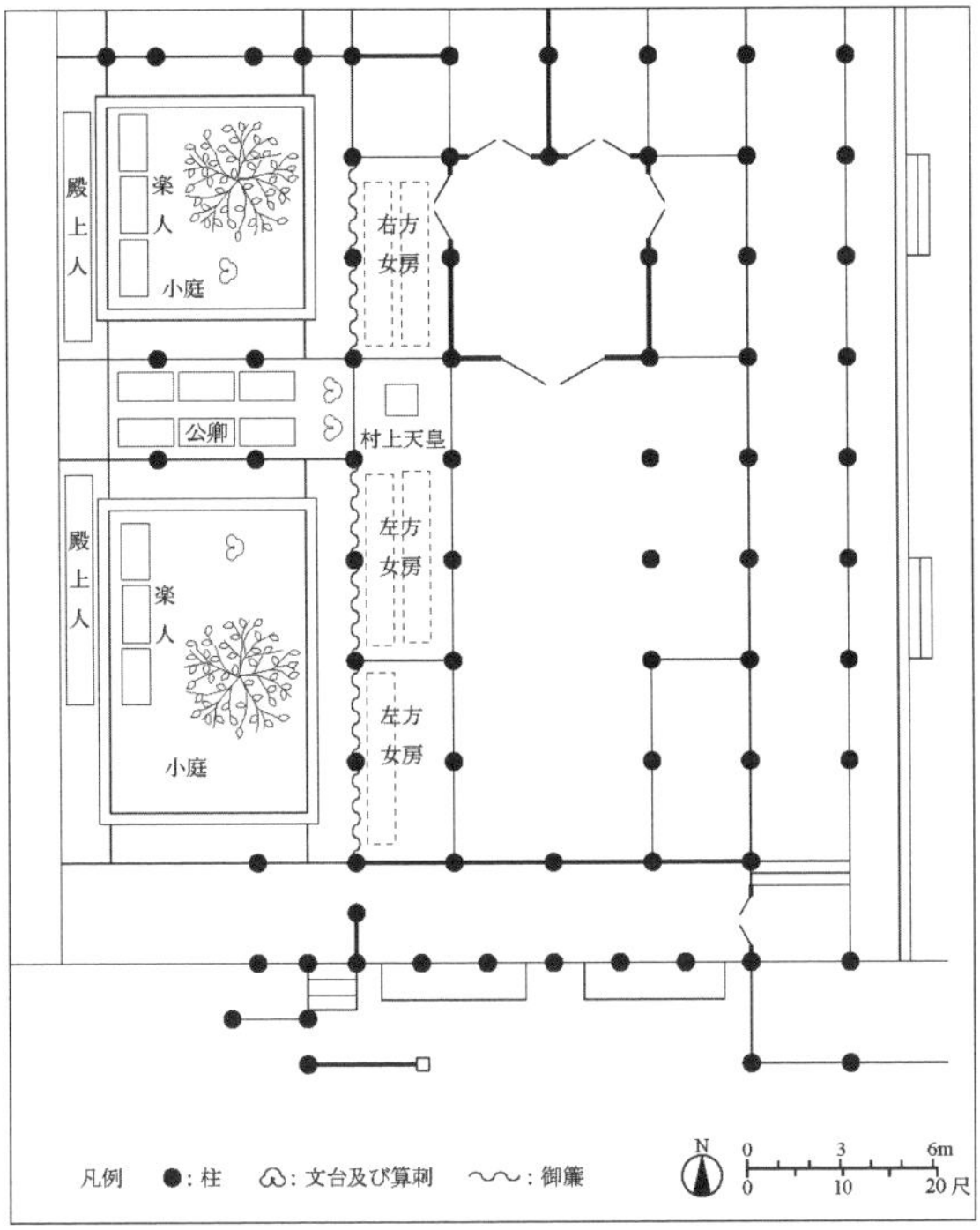

図57 天徳４年（960）内裏歌合

図58 天徳４年（960）内裏歌合 想定図（京都文化博物館蔵）

盤所二間と鬼間二間に左方女房、朝餉の二間を右方女房の座とする。女房方《かた》人頭《うどがしら》は、左は中将更衣藤原脩子《しゆうし》、右は弁更衣藤原有序《ゆうじょ》で、各十四名が座った。中央に村上天皇のために台盤所の椅子を置き、南側に几帳と置物机を置いた（図57）。女房は、御簾の内から、赤系と青系の装束を出し、歌合に参加した。

京都文化博物館には、昭和に天徳四年内裏歌合を再現した絵画が所蔵されている（図58）。この絵画では女性の姿は露わになっているが、本来は御簾を垂れ、その下から装束を出し、そこに女房座があることを示していたと考えられる。

永承四年内裏歌合

天徳四年の内裏歌合の後、一条・三条・後一条・後朱雀四代にわたって、晴儀歌合は減少してしまう。その後、一世紀を経て、藤原頼通を後見とする後冷泉朝に再び、晴儀歌合が活発化する。内親王や皇后主催の歌合が開催され、記録上に女房の出衣が示されるようになる。

永承四年（一〇四九）のこの内裏歌合は、後冷泉天皇が京極殿の西の対で主催した内裏歌合である。前年に内裏が焼亡し、天皇たちは京極殿に遷御した。京極殿は、上東門院（彰子）から中宮章子内親王に贈与された邸である。そしてこの歌合は、四代にわたって失われた内裏歌合の復興を目指し、関白左大臣藤原頼通の意向により実現した。『袋草紙』には、この歌合は次のように記されている。

御装束は御殿の西の対の南廂の四間なり。廂の四間の御簾を巻き、母屋の二間の東西の廂の御簾を下ろし、東の第三の間に殿上の御椅子を立て、毯《たん》を

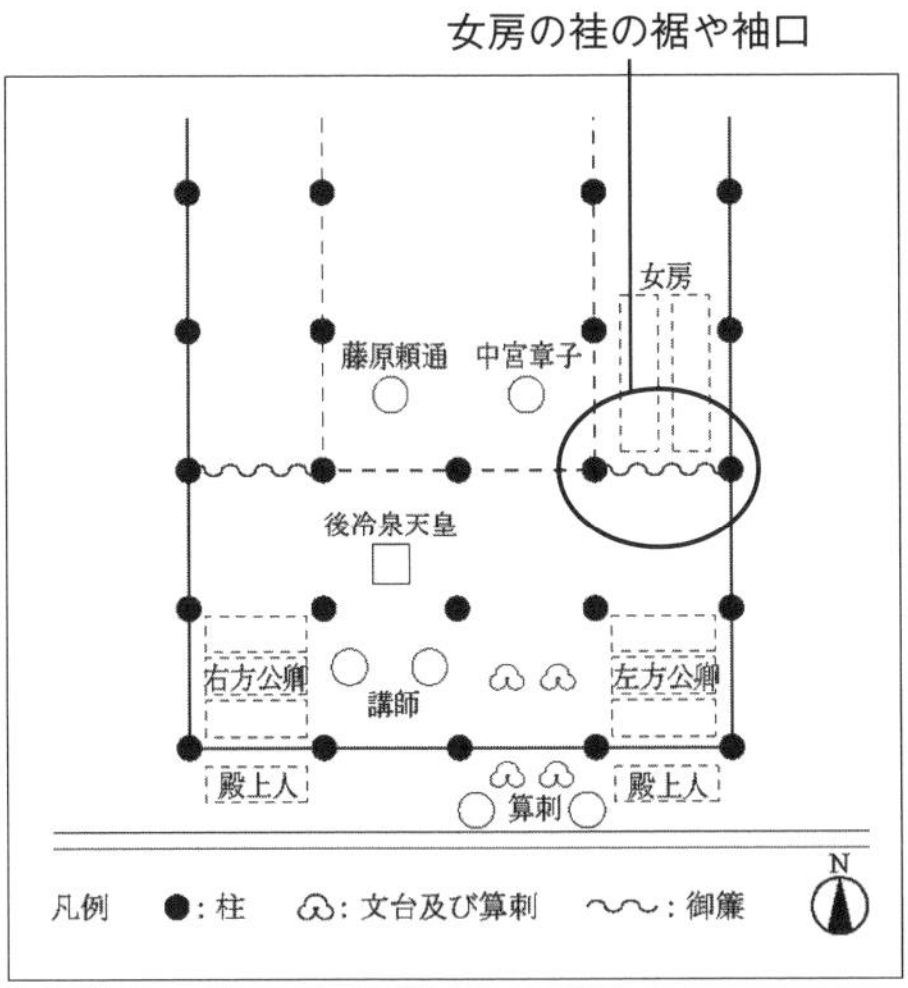

図59　永承4年内裏歌合（概念図）

敷く。南の広廂は、御座の座を除きて、東西に緑の畳おのおの三枚鋪《し》き、左右の公卿の座となす。上達部の座の末にあたり、簀子に畳一枚を敷きて、左右方の殿上人の座となす。御前の間の広廂に、長押を去ること南三四尺ばかりに円座二枚を敷きて講師の座となす。簀子に円座を敷きて籌刺《かずさし》の座となす。同じく母屋の東の間ならびに東の廂は、中宮の御《お》はす所となす。母屋の西の間の簾中に、殿以《とのもつて》候《そうろう》せしめ給ふ［下略］（下巻）

京極殿内裏西の対において、南廂に天皇、孫廂に公卿、奥の母屋の東に中宮、西に中宮の後見である頼通が座った。女房は、左方の付近に、出衣をして歌合を鑑賞した。打出と明記はされていないが、出衣が女房の座を示す表示となっている。

『栄花物語』根合によると、中宮の女房たちは、左方における菊の文台の意匠と合わせて、紅葉を意匠とした装束とし、菊の織物の几帳で空間をしつらえた（左方における菊の文台の意匠と合わせたか）。中宮の座所からは出衣は見えないが、少し離れた場所からは中宮付き女房の袿の裾や袖口が見えていた（図59）。

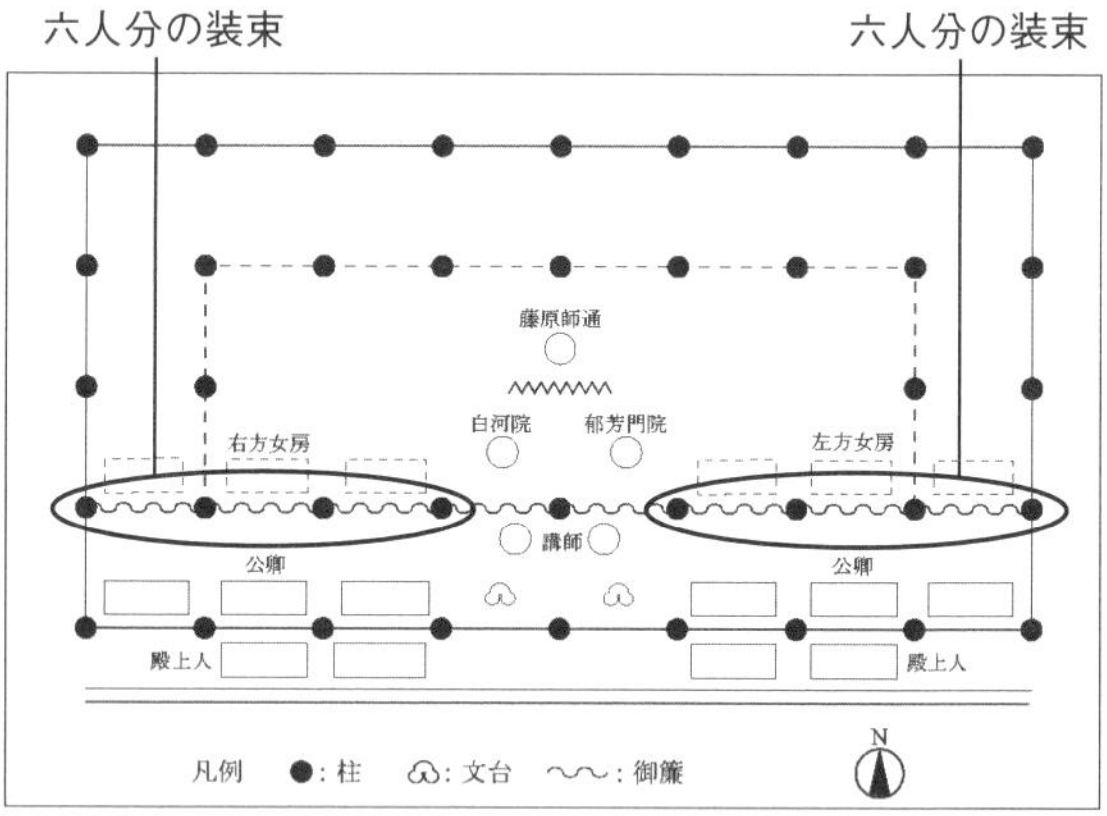

図60　寛治７年郁芳門院根合　六条院寝殿南面（内親王の御座所、概念図）

郁芳門院根合

後冷泉朝期から少し降るが、内親王が主催した歌合に、女房が左右の方人《かたうど》として参加した事例を検討する。寛治七年（一〇九三）、白河院の皇女である郁芳門院（媞子《ばいし》内親王）が六条院において開催した歌合、判者は右大臣源顕房であった。

寝殿の南廂なり。母屋六間ならびに左右の廂に御簾を垂れ、御所ならびに女房の候ふ所となす。中央の間二間の、東は郁芳門院の御所、西は一院《いちのいん》の御所なり。その中に御屏風を立て、関白簾中に候ひ給ふ。その左右の各三間は女房の候ふ所なり。南廂の妻の各三間に、高麗縁《こうらいべり》の帖三枚を敷く。中央の間二間は、左右におのおの円座一枚を敷きて講師の座となす。南の簀子は、左右おのおの第二、三の間に紫縁の帖二枚を敷きて、左右方の殿上人の座となす。

（『袋草紙』下巻）

内親王の御座所である、六条院寝殿南面を会場とした。母屋六間ならびに左右の廂に御簾を下げ、中央二間の東に郁芳門院、西に白河院（父）、そのなかに屏風を立てて藤原師通の座とした。

左右の各三間は女房座とした。女房は、左方・右方に分かれ、和歌を記した扇を持って（『中右記』）、御簾から装束を打出した。各三間に、六人分の装束がみえたという。女房は、御簾の下から袖と褄を出し、自らの座を示した（図60）。

寛子春秋歌合

天喜四年（一〇五六）の皇后宮寛子春秋歌合は、春と秋を意匠とした文台・算《かず》刺《さし》及び装束で統一し、和歌を意匠とした装束を製作するなど、特にその華やかさが記録に記載されている。寛子の父である頼通が後見し、天皇も密々に臨御した。

和歌の作者は必ずしも方人とは重ならず、左方に、小式部・藤原範永《のりなが》・同頼宗・源隆国（藤原能信とも）・源顕房・相模・少納言・弁内侍・範永妻《つま》・後冷泉天皇であり、右方は、伊勢大輔四首・藤原長家三首・土佐・下野《しもつけ》・美濃。判者は内大臣頼宗であった。

この歌合は、寛子の御座所である新造の一条院内裏東面を会場とした。

東面の壁を除去し御簾を垂れ、東面に後冷泉天皇皇后寛子がすわった。寛子の座所は「大床子《だいしょうじ》▲の間」（『廿巻本』）とあることから、おそらく母屋の東面であり、取り去った壁は塗籠の可能性がある。

大床子　天皇が食事や理髪などのときにすわる脚のついた台。だいそうじ。

廂の東面に御簾に沿って几帳（菖蒲かさね）を立て、東広廂の中央の間を空けた。その南北に文台（銀の州浜《すはま》に花樹木・人形・銀の舟、銀の茵《しとね》に瑠璃《るり》の鏡台）及び算刺（銀の州浜台に春の田の様、銀の州浜に瑠璃の遺水・秋の花）を置いた。

御座を中心に、東廂の北に左方女房五人、南に右方女房五人、南廂に左・右方各五人の女房がすわった。左は春の各色を織り、右は秋の紅葉色を織り、造り

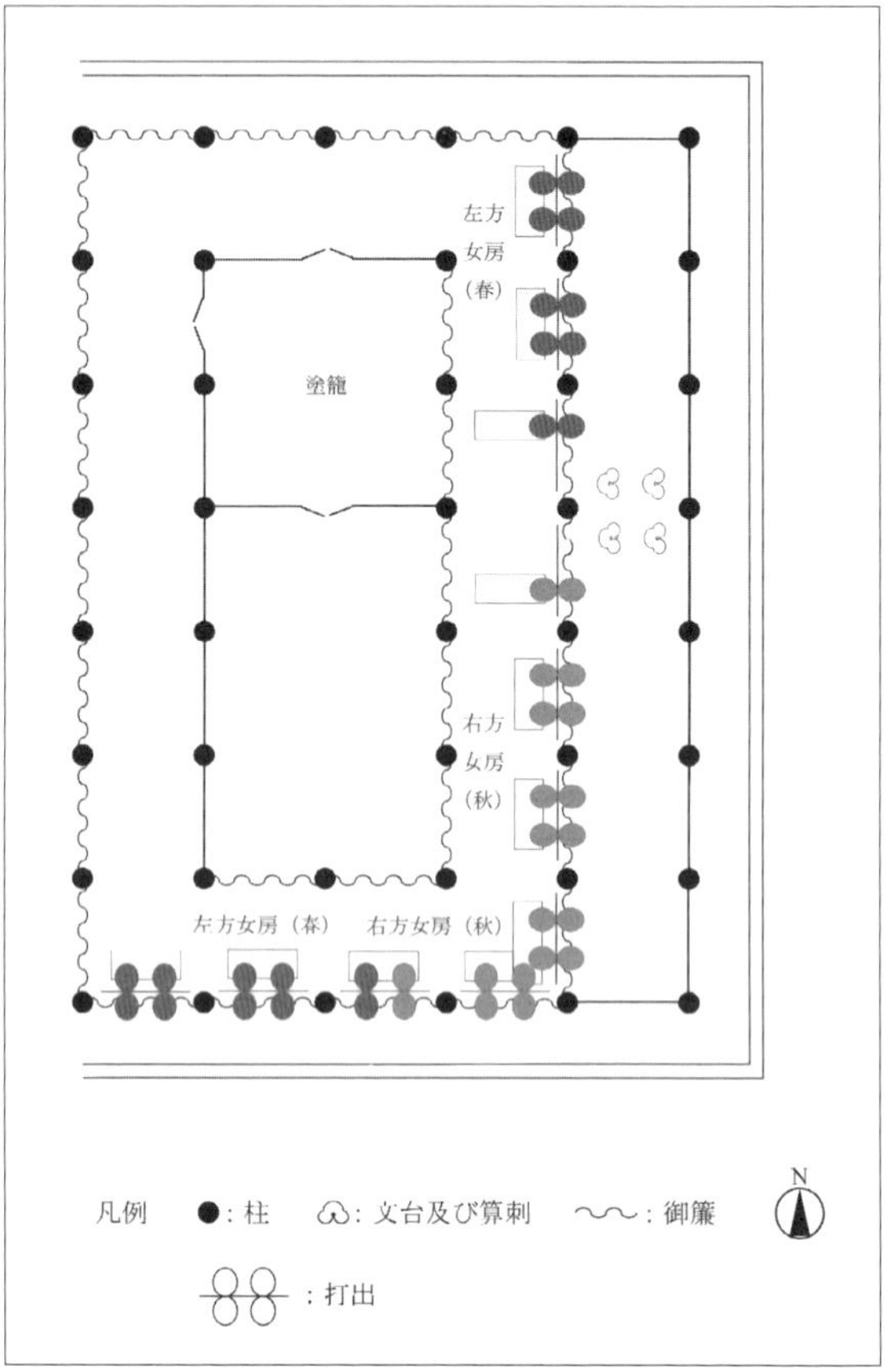

図61　天喜４年寛子春秋歌合　平面図　広廂、東渡殿、南渡殿の位置が不明のため、試案として示している。南庭を正面に、南側に広廂が付く構成も想定される。

物・刺繡・金銀珠玉瑠璃を縫った（図61）。

国文学者・萩谷朴《はぎたにぼく》は、女房歌人が東廂と南廂に分かれて座った要因として、南渡殿の頼通・大臣座から、春・秋の装束が鑑賞できるような配慮がなされたとする。森田直美によれば、一人一人が異なる意匠で新しい試みであった。

歌合において、女房が装束を御簾の下から出すことは、参加者に女房の存在を暗示する意味があった。趣向を凝らした装束は、歌合に花を添える空間演出となった。男性貴族は、女性たちの装飾を許容する価値観を共有していたのである。

『とはずがたり』の王朝追慕

女性が主催者となり開催された歌合は、中世以降失われていった。そのなかで、王朝を懐古する営みが続いていた。『とはずがたり』には、『源氏物語』女楽の場面を再現する話がある。亀山院の宮廷で育った二条が、身分の低い明石の君の役を押しつけられて、御所から行方をくらますきっかけとなったできごとである。

二月の頃に、亀山院が後深草院のもとを訪れ、小弓の競技をした。後深草院が負けになった。亀山院は、「御所の女房たちを上臈も下臈もお見せになってください」という。

後深草院は、「竜頭鷁首《りゅうとうげきしゅ》の舟を造って、女房たちに水瓶を持たせて、『源氏物

図62 「源氏物語絵巻」若菜下 女楽（国文学研究資料館蔵）

語』で紫の上が秋好中宮の歌に対して返した船楽をしてはどうか」というが、「船は大仰で煩《わずら》わしい」という。そこで、上臈八人、小上臈・中臈の女房八人ずつを、上中下の蹴鞠の上手な童に仕立てて、蹴鞠をまねることとなった。

この報復戦には、後深草院が勝った。嵯峨殿の御所で、十三になる姫宮を五節の舞姫に仕立てて、上臈女房たちが、童や下仕えになり、帳台の真似事をした。

その後の報復戦で、また後深草院は負けて、伏見殿で、『源氏物語』六条院の女楽をまねすることになった。

『源氏物語』の女楽では、光源氏の兄、朱雀院の五十賀を祝うために、光源氏が女君たちによる楽奏を企画する（若菜下巻）。試楽として、廂のなかの障子を放ち、いくつかの几帳を細かく立て、中の間は光源氏の座とした。御簾の内には、茵を並べて、明石の方に琵琶、紫の上に和琴、女御の君に箏の琴、女三の宮は、琴を弾いた。女楽の以降、光源氏の最愛の女性、紫の上は病に侵されていく。

近世の源氏物語絵では、源氏が中央に座り、庭側に背を向けて座っている構図が多い（図62）。

『とはずがたり』の女楽で、紫の上は東の御方、女三の宮は隆親の娘、二条は明石の君で琵琶の役を指名される。「私がどうして、明らかに他の人よりひどく階級の落ちる明石の君になるのだろうか」と二条は納得できなかった。

明石の女御の君は、花山院太政大臣通雅《みちまさ》の息女・西の御方で、紫の上役の東の御方と並んだ。二条は、対座に敷かれた畳の右の上臈女房として置かれることを心配していた（左方を上位とするため、右に座りたくなかったためか）。この場合の席次は、左方と右方に分かれて向かい合わせとなり、文台が置かれていたものと考えられる。

早くも酒宴が始まり、女房が順に座って、楽器を前に、思い思いの敷物などを敷いた。主の後深草院は光源氏に、亀山院は夕霧大将に、中納言中将や三位中将などは、笛や篳篥《ひちりき》の役で階下に召された。まずは女房の座を設けてすわっていると、兵部卿隆親が参って、「この席次はよくない。文台の前に女三の宮である。わたくし隆親は、故大納言雅忠（二条父）よりは上位であった。どうしてその娘を下位にすわらせるべきだろうか。すわり直せ」と言ったので、二条は座を下へ降ろされてしまった。

鎌倉時代にも『源氏物語』が読み継がれ、現実に再現する催しが試みられたのである。しかし、席次や配役に重点が置かれ、装束や調度の意匠はあまり重要視されていない。

女院の座を装飾する

次に古記録に収められた指図から、中世以降の打出の展開を概観してゆこう。院政期にかけて、平氏一門の女院の存在を示すために、打出は華やかになる。

保延元年（一一三五）五月十八日、鳥羽上皇が仁和寺修理供養を催し、女院・五の宮が参加した。金堂礼堂に上皇・女院御所を設ける（図63）。

女院の御所には几帳帷子が出され、軒廊《こんろう》東二間に、女房の衣が出された。女院の座所に几帳帷子、女房座に打出という状態は、「年中行事絵巻」「駒競行幸絵巻」に示されている状態である。

仁平二年（一一五二）三月七日の鳥羽法皇五十算賀では、寵愛の深かった女院の美福門院の女房の打出は、紅・青・紫・山吹の四色の色目に限定しながらも、村濃《むらご》の意匠であった（『兵範記』）。

西対代《にしたいだい》▲では前斎院が打出をしており、花山吹《はなやまぶき》衣、青単衣、萌黄表着、葡萄染《えびぞめ》唐衣、山吹打衣、樺桜《かばざくら》裳腰とあり、村濃を混ぜた山吹・青・萌黄・葡萄の四色である。

『兵範記』指図には、北面の中央に主上御座、院御座、女院御座が設置された。西北面に入道座、西対代に前斎院御所がある。女院御所は樺桜織物の几帳、女房候所は桜織物の几帳で東面に打出がある。服飾史の伊永陽子氏の御教示によると、

対代　「たいしろ」とも。寝殿造の邸宅で、対の屋の代わりとした放ち出《い》で、あるいは廊《ろう》。

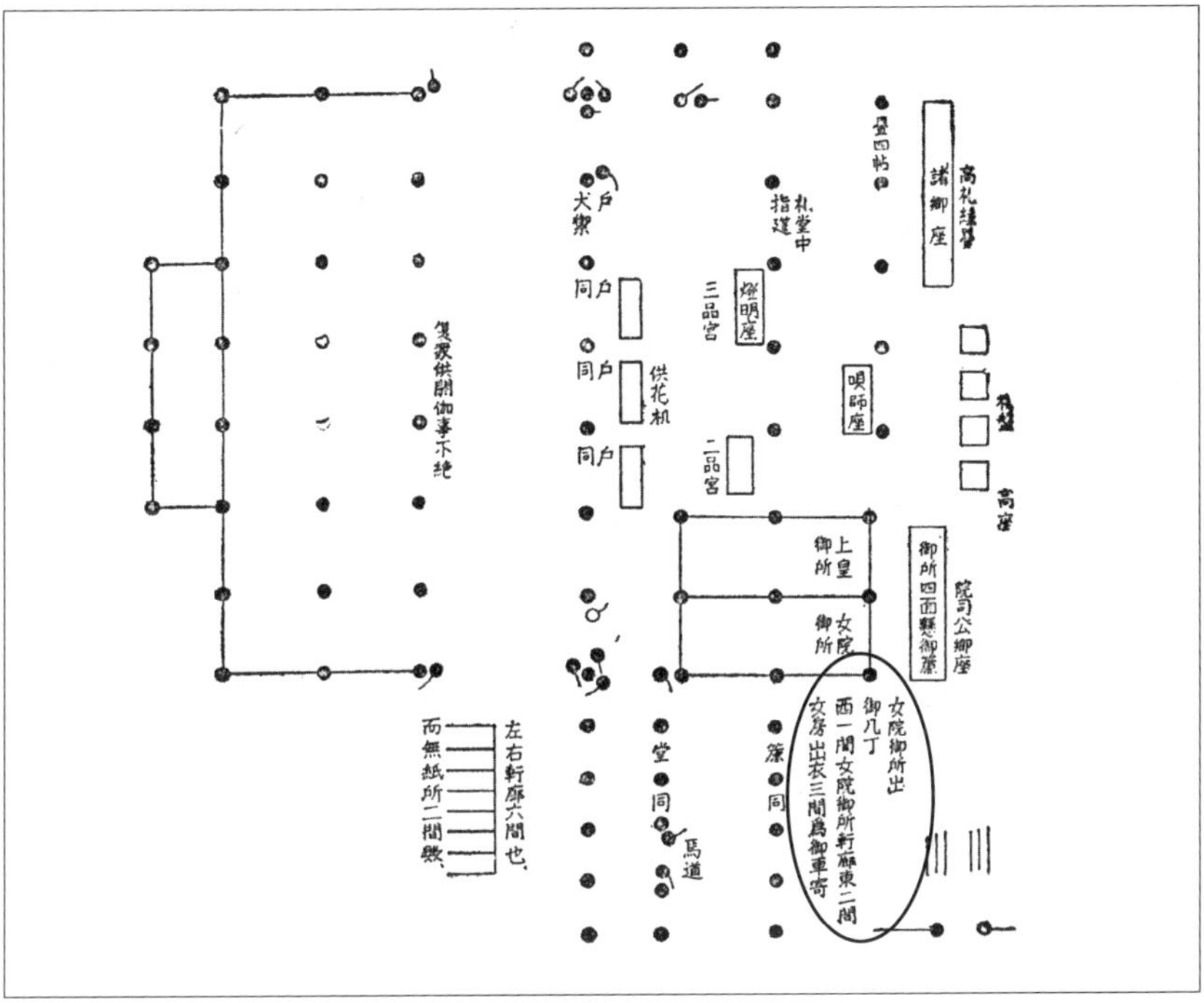

図63　仁和寺供養（『長秋記』保延元年5月18日条）

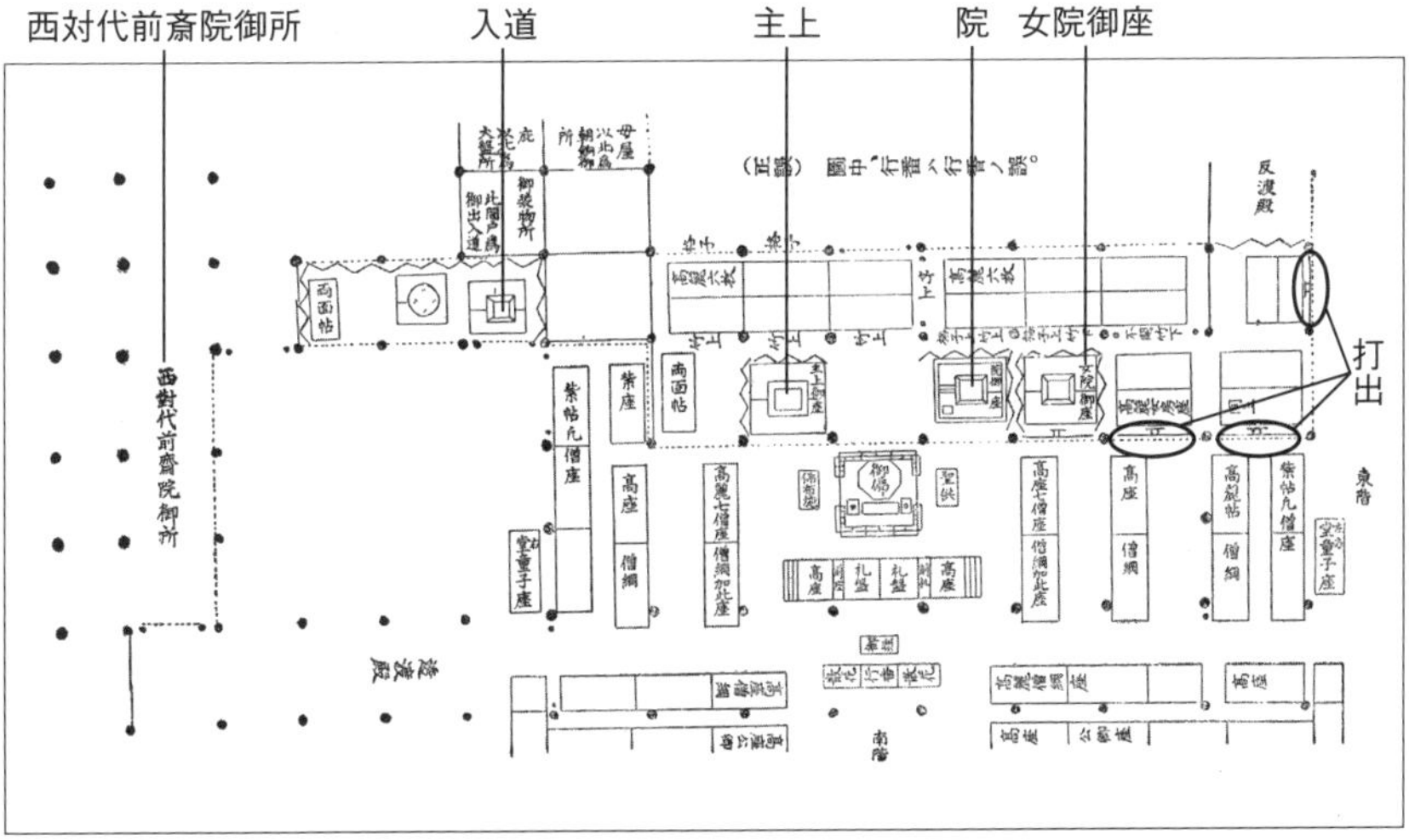

図64　鳥羽法皇五十算賀（『兵範記』仁平2年3月7日条）　鳥羽南殿

色は四色に抑え、村濃を用いる斬新な意匠が窺える（図64）。
翌日の後宴では、美福門院方は、紅匂《くれないにおう》衣、青単衣、蘇芳表着（紅躑躅《つつじ》か）。前斎院方は、古紅色々村濃（紅）、紫山吹青已上各一具。姫宮は樺桜衣、桜萌黄表着、山吹唐衣であった。

儀式空間の境界を示す

院政期については、古記録に収められた儀式の指図が複数現存する。いずれも東三条殿で、東廂三ヶ間、西北方向に打出が設置されている（図65〜67）。設置された打出は、大臣家・摂関家の格式を示し、南庭と渡殿に儀式会場を示し、空間の境界を創り出す機能がある。さらに、北政所からのもてなしの作法として、政所の女房たちの姿が重ねられていたことが窺える。

保安三年（一一二二）の右大臣藤原家忠の大饗は、花山院第で開催された。西を上位とする秩序とされ、打出は寝殿南廂西面二ヶ間、東二棟廊の一間にあり、東三条殿とは打出の位置が反転する（花山院廂大饗指図、『類聚雑要抄』）（図68・69）。

妻戸口に設置する

これまでみてきた大饗の空間では、妻戸口に打出が置かれている▲（図65）。こ

妻戸口に打出を置く　『玉葉』建久五年（一一九四）三月十六日条には、女房が妻戸口で自分の袖口を打ち出して、勅使が持参した御扇を受け取り、そこに打出されていた装束の北方の一具をいったん引き入れて、御前に参入、次にまた元のように打出を押し出すと記されている。すなわち、妻戸口の二具の打出は、二人の女房が御簾の両際にいる印であり、御前にあがる際には北方を撤去した（周成梅「寝殿造における女房装束の打出」）。

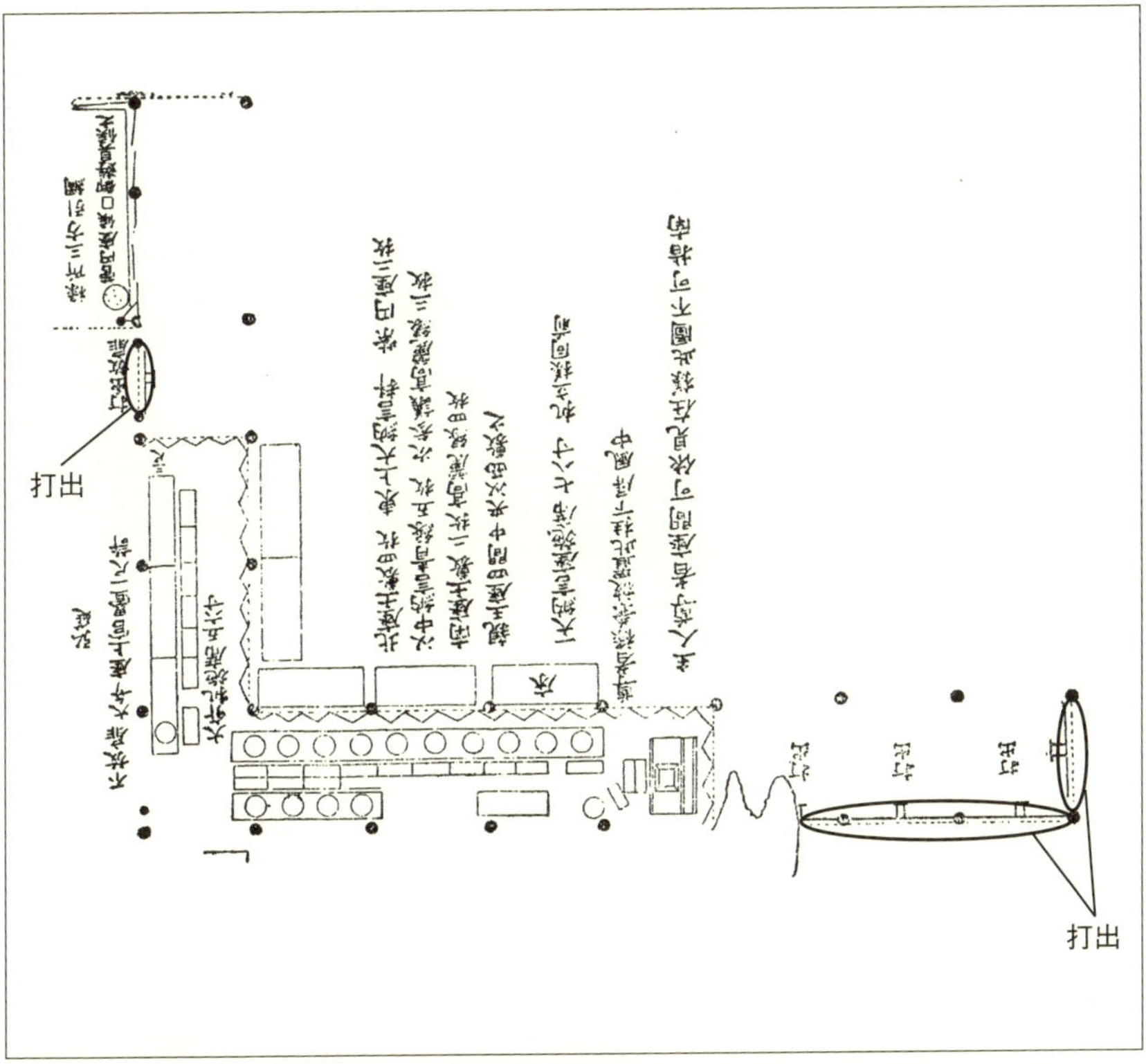

図65　藤原基実任大臣大饗（『兵範記』治承3年8月17日条）　太田静六・川本重雄による復原がある。太田案では母屋に「女房等見物席」がある。

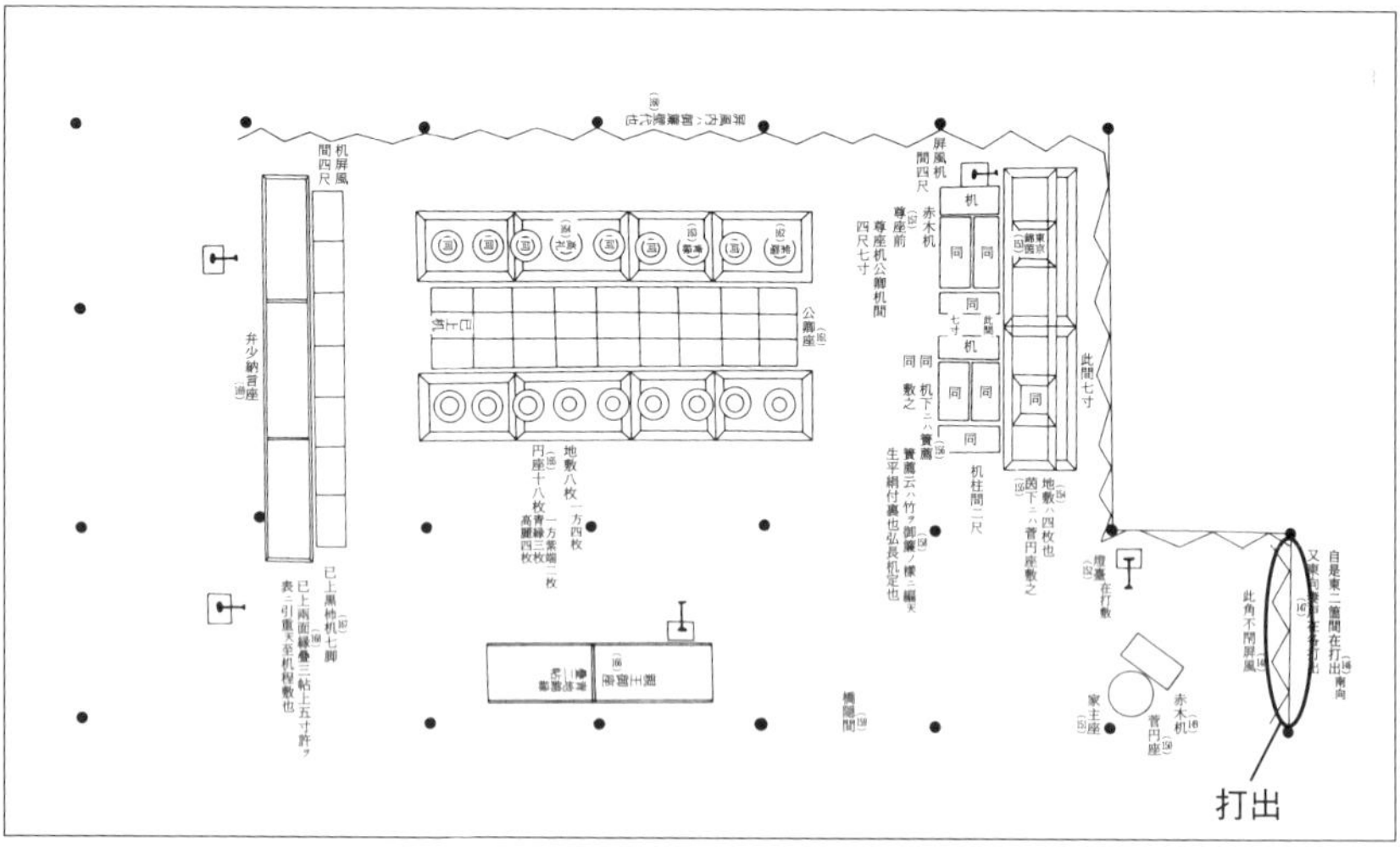

図66　母屋大饗　東三条殿（永久４年正月23日条）（『類聚雑要抄』より作成）

図67　母屋大饗　東三条殿（永久４年正月23日条）（『類聚雑要抄指図巻』、東京国立博物館蔵）

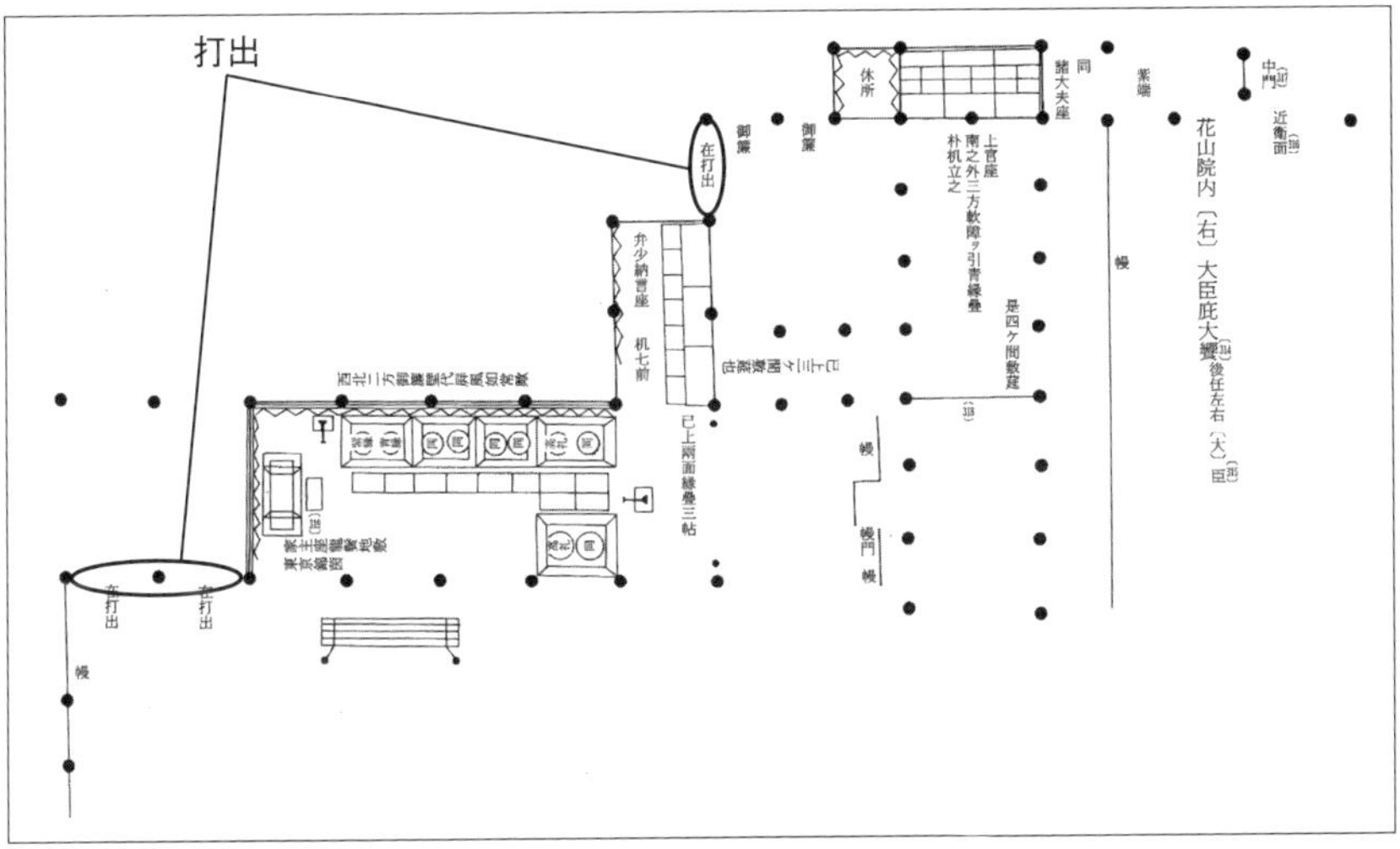

図68　花山院廂大饗（保安３年12月17日条）（『類聚雑要抄』より作成）

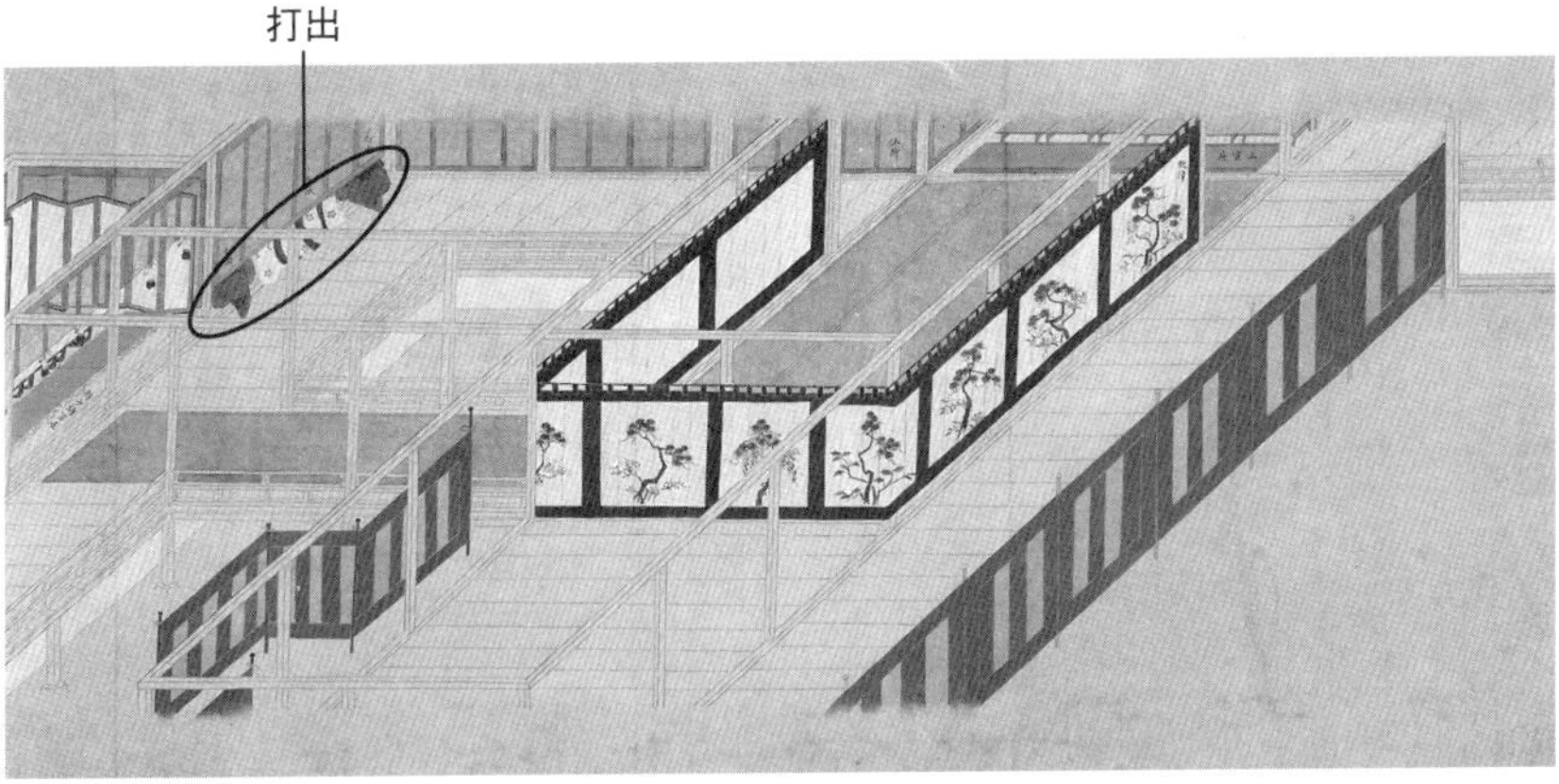

図69　花山院廂大饗（保安３年12月17日条）（『類聚雑要抄指図巻』、東京国立博物館蔵）

の場合、内部に女房が座り、物を受け渡すことがあった。

申《さる》の刻ほどに内裏より御使いがあった。参議中将の雅定は御書を持ち、寝殿の西北の戸に参った。西の透渡殿に向く戸一間（寝殿の未申《ひつじさる》にある西向きの戸である）で、女房が打出（柳）をしていた。［中略］打出のある戸口よりお返事を出され、女装束一セットを推し出された。御使いの右近衛中将雅定は、御書と禄（女装束）をとって、中門より帰った。明りがともる前に人々は退出した（のちに聞くところでは、御使いの中将雅定は、禄を受け取るとき、打出の女房の裳をとって出ていった。頭弁《とうのべん》が使者を走らせて取り返した。今後に用心すべきことか）。

（『中右記』元永元年（一一二〇）一月二十四日条）

このように、内部に女性が座っている際の目印として、打出を出し、御前に昇り、不在の際には、打出をしまうという動作が示されている。

御五十日の国母の座——打出の出し入れ

打出自体が女院の座を示す事例もある。

治承三年（一一七九）閑院内裏における春宮（安徳天皇）誕生後の五十日《いか》の祝い

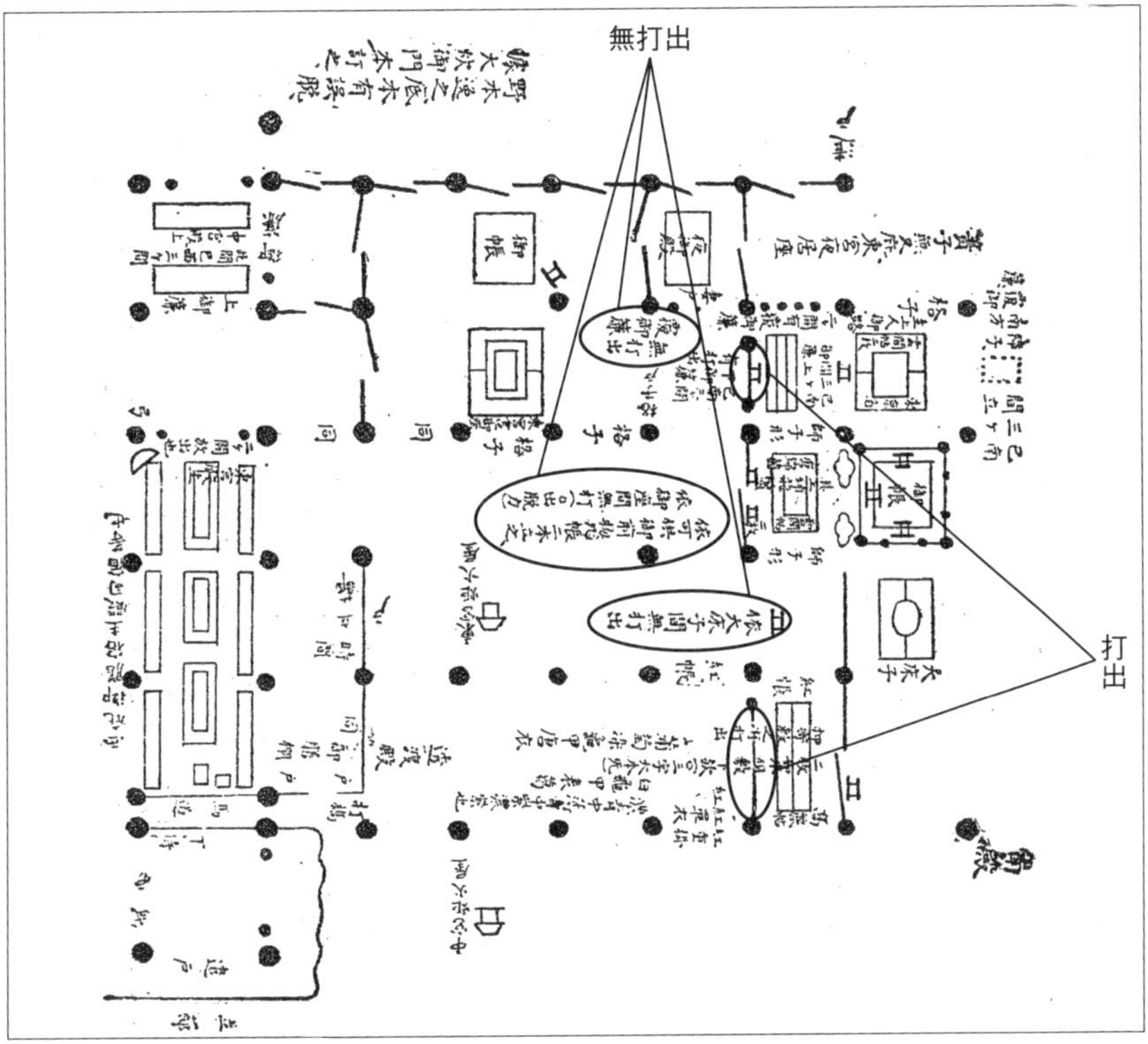

図70　春宮（安徳天皇）誕生後の五十日の祝い（『山槐記』治承３年正月６日条）　閑院第

では、打出の装束は、中宮座を示す目印となっていることが注目される。

閑院内裏の西廂・西広廂・西北卯酉廊《ぼうゆうろう》を会場とする（図70・71）。

指図には、「無打出」と書かれた場所や「打出」と書かれた場所がある。

『山槐記』には、天皇が出御する前後に装束改めがあり、天皇が入る前に打出を取り除き、帰った後に打出を出す、とある。その後、天皇座を中宮座（平徳子）に替えている。すなわち中宮の座を、打出によって示している。

南北時代へと降るが、常盤井殿、広義門院（西園寺寧子《ねいし》）の姫宮五十日に、同様の舗設がある。

延慶四年（一三一一）、広義門院の姫宮が誕生して、五十日の祝いに、伏見・後伏見

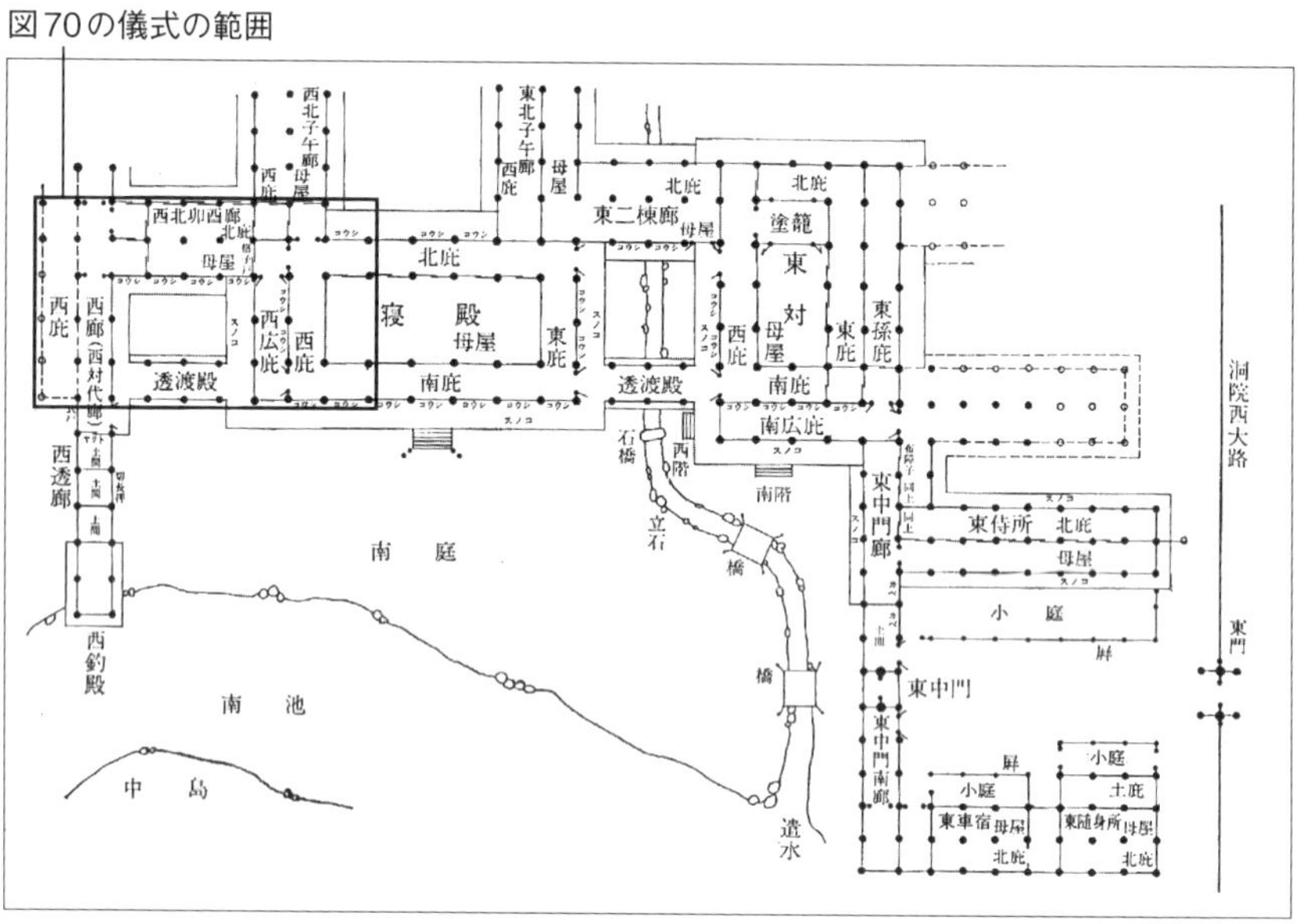

図71　閑院第復原図（太田静六『寝殿造の研究』）

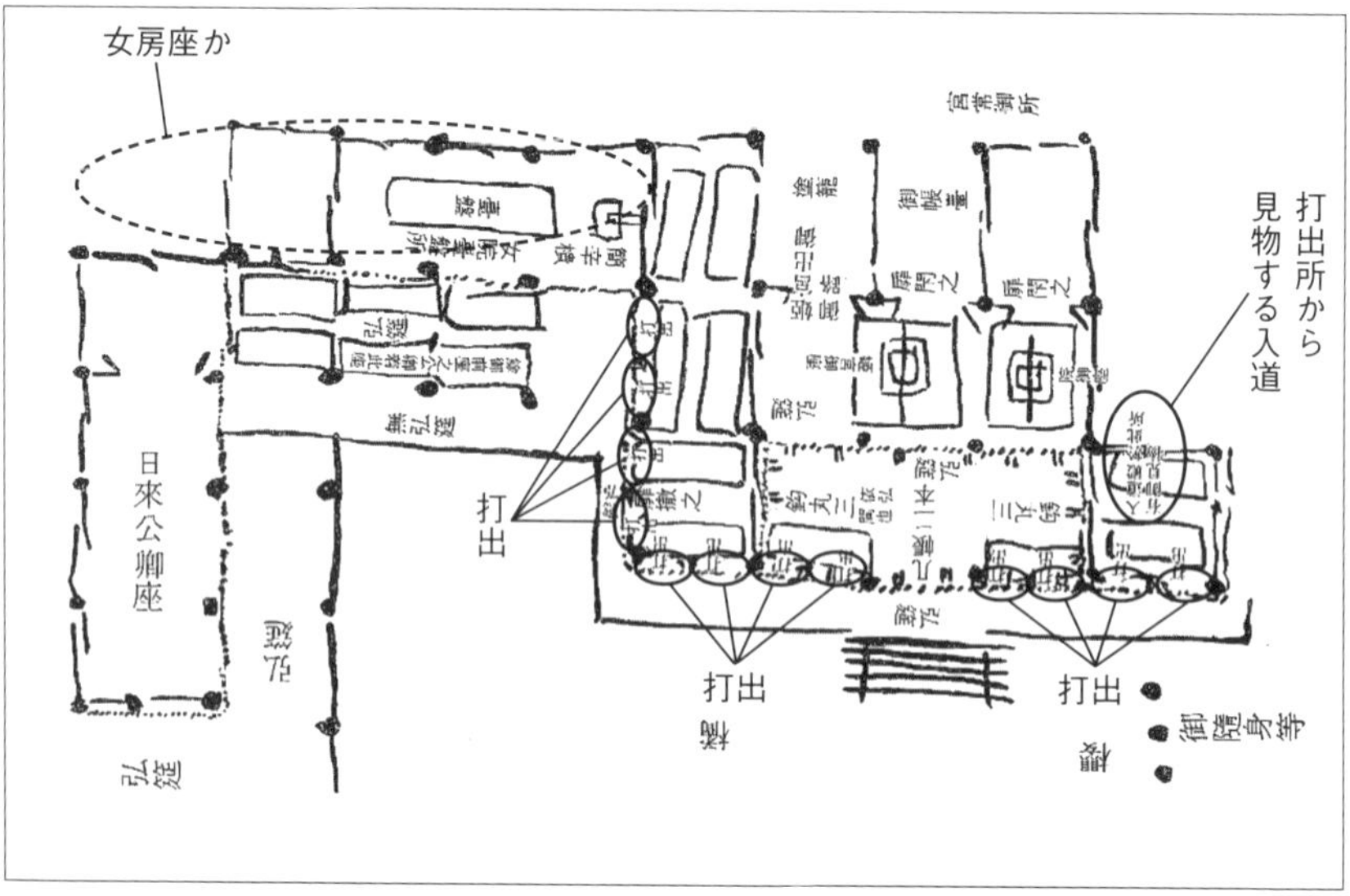

図72　常盤井殿『広義門院御産愚記』（延慶４年４月11日条）　広義門院五十日の祝い

刷る　打出の準備の際に、男性官人が装束を刷って（擦って）音を出して、打出を整えている最中に客人らが寝殿に近寄るのを防ぎ、主人に打出の準備をしていることを示していた（周成梅）。

両上皇は、常盤井殿に御幸した。寝殿母屋三ヶ間、南廂三ヶ間を会場に、母屋中央に姫宮御座、東に院御座、入道は東一間の打出所から見物した（『広義門院御産愚記』延慶四年四月十一日条、『公衡公記』所収。図72）。

早朝に、長隆朝臣奉行らは、打出を南面四ヶ間（階の間を除く）、西面二ヶ間に設置する。院女房、右金吾は、これを引き出す（刷る）。指図には打出の場所が示されている。

後伏見上皇が出御し、姫宮に餅を含ませる。寝殿の装束を改め、几帳四本を取り、しばらく母屋西一間北傍に、東西打出四間を取り、西廂北障子際に置いた。母屋の上皇御座を南廂の階の間に移し、公卿が参着して、上皇の御膳を供ずる。御遊《ぎょゆう》・賜禄《しろく》の後、上皇は還御《かんぎょ》する。その後、母屋の御簾を巻き、廂の御簾を垂れ、几帳と打出を元にあったように立て、女院座とする。女院に前物を供し、両上皇・三女院は還御した。

平徳子のときと同様に、上皇座を女院座に替える際に、打出を出している。内部に女性が座る際に打出を出し、不在となった際に引き入れる。打出の出し入れが行われる。

これまでの例では、打出の座はあくまでも女房の座を示し、女院や中宮の座は、几帳帷子で示されていた。女院や中宮といった高位の女性の存在が打出によって示されることはなかった。しかしこれらの五十日の例では、中宮・女院座が打出で示されるのである。

打出はなぜ出されたのだろうか。それは、御簾外に座る人たちに、女院と天皇の座の交替を示すためであった。

妻戸口に女房が控えていて、打出がその目印になっており、女房が御前に参ると、打出が引き入れられるという作法もあった。打出の有無がなんらかの女性の存在を示すしるしとなるという意味では類似のものといえよう。

女院主催の宴席

時代は南北朝時代に降る。常盤井殿において、大嘗祭の斎場所《さいばしょ》御覧《ごらん》▲後に、広義門院（西園寺寧子）による公卿淵酔《くぎょうえんずい》の際に、打出がある（図73・74）。公卿淵酔は殿上人が出衣をし、盃酌・朗詠・今様などを謡う。指図では、常盤井殿の公卿座の正面に打出が設置され、灯台で照らされている（『花園天皇宸記』正慶元年（一三三二）十一月十二日条）。

妻戸に置かれた打出の奥には、女院座があったかどうかは詳しく分からない。『花園天皇宸記』正慶元年（一三三二）十一月二日条には、二棟並びに寝殿南面に御簾を垂れて、北面に女御御方が入御したとある。図72をみると、公卿座の北側

斎場所　大嘗祭の際、神への供え物を用意するために設けられる建物。斎場。斎庁所。

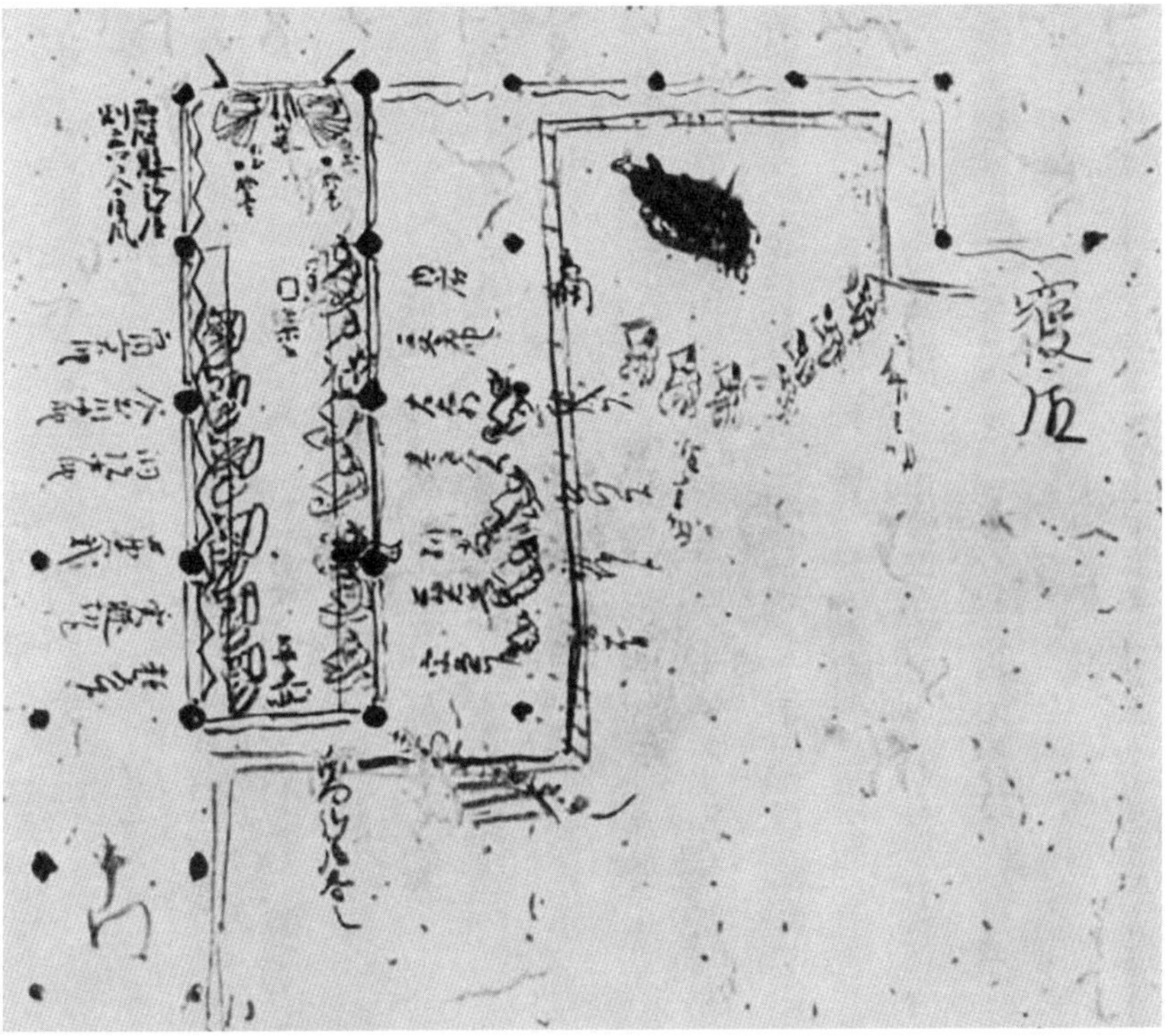

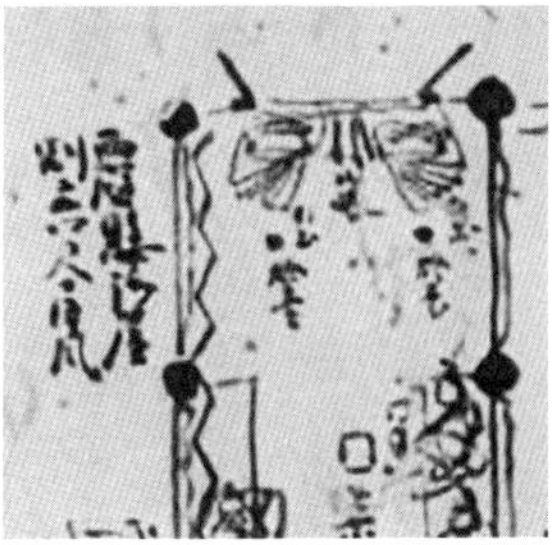

図73　広義門院淵酔（『花園天皇宸記』正慶元年11月12日）　常盤井殿

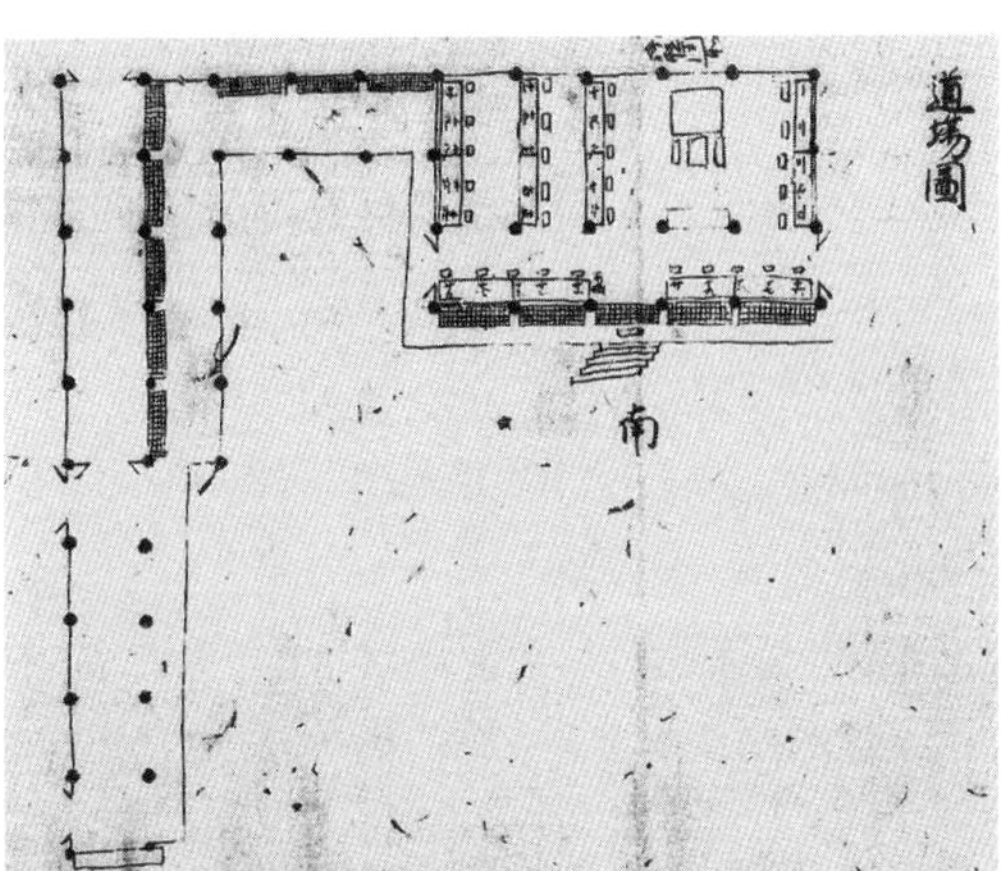

図74　常盤井殿寝殿指図（『門葉記』文保3年3月29日条）

は女院台盤所になっている。図72の点線で囲んだあたりに、女房（女院）が見物していた可能性がある。

公卿淵酔の打出は、修明門院《しゅうめいもんいん》淵酔（藤原重子《じゅうし》）、遊義門院《ゆうぎもんいん》淵酔（姈子《れいし》内親王）・昭《しょう》訓門院《くんもんいん》淵酔（藤原瑛子《えいし》）にも確認できる。いずれも、女院主催の宴席の装飾として演出されている。

打出を女性の座として演出することは南北朝時代まで、長く継承されるのである。

打出の終焉

打出による装飾は、いつまで継承されたのだろうか。管見のかぎりでは、足利将軍義持・義教・義政の拝賀の際、寝殿の東第一間に打出がなされている。室町将軍家まで、寝殿の構成と用法が継承▲されたことが指摘されているが、打出も受け継がれたわけである。ただ、打出は次第に袖だけを出す押出となり、場所が小さくなっていく（図75・76）。

この事実は、打出の記憶が、鑑賞者たちに薄れていったことに起因するものではないだろうか。十七世紀初頭の「源氏物語手鑑」（和泉市久保惣記念美術館蔵）では、御簾から出された出衣は小さくしぼんで▲、かつての打出の華やぎを感じさ

寝殿造の構成の継承　近年では、江戸時代の公家住宅まで、表向き殿舎に、寝殿造の構成が継承されたことも指摘されている（藤田勝也）。

小さくしぼんで　装束自体の変容が考えられる。

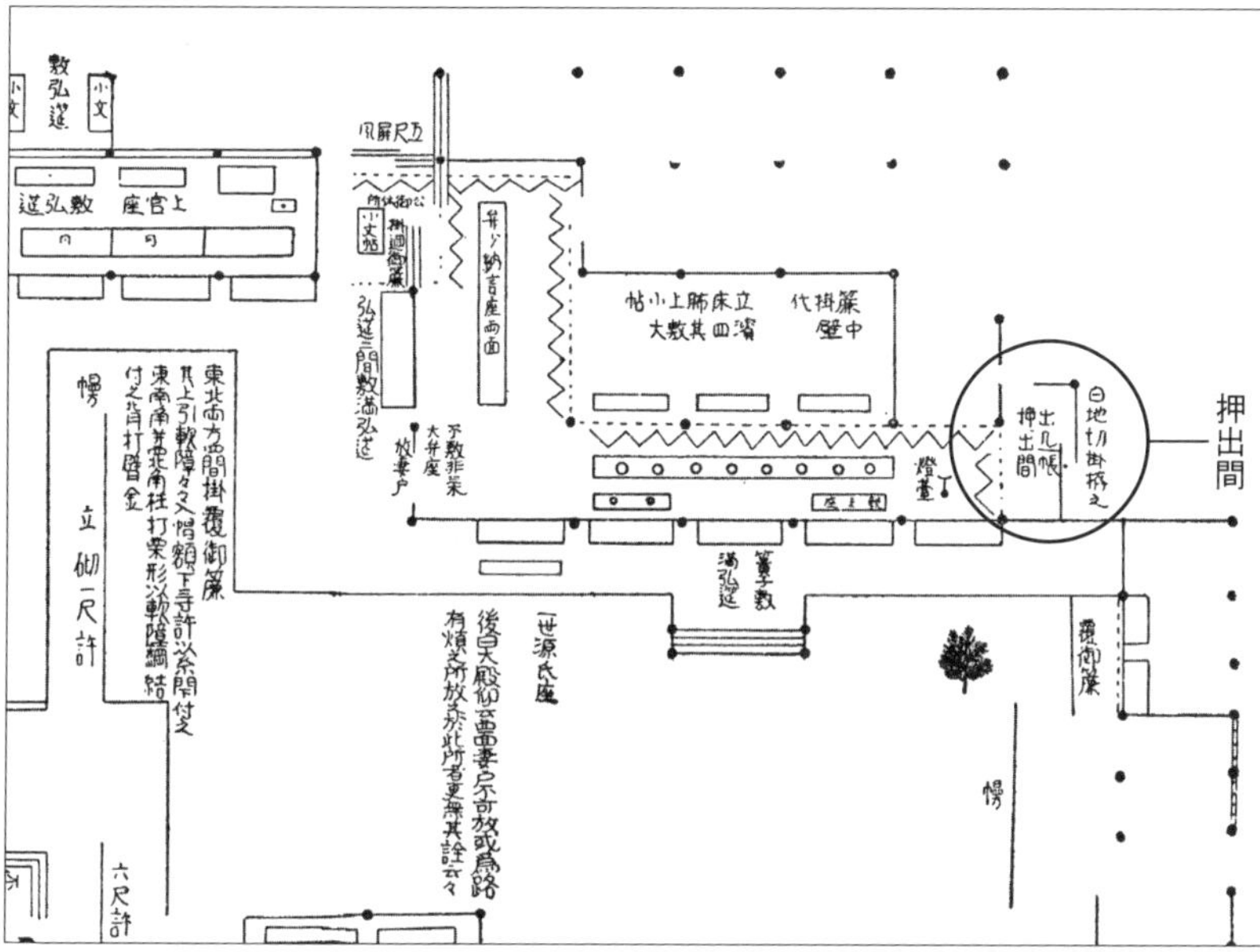

図75　左大臣鷹司兼忠任大臣大饗（『勘仲記』正応元年10月27日条）　近衛殿

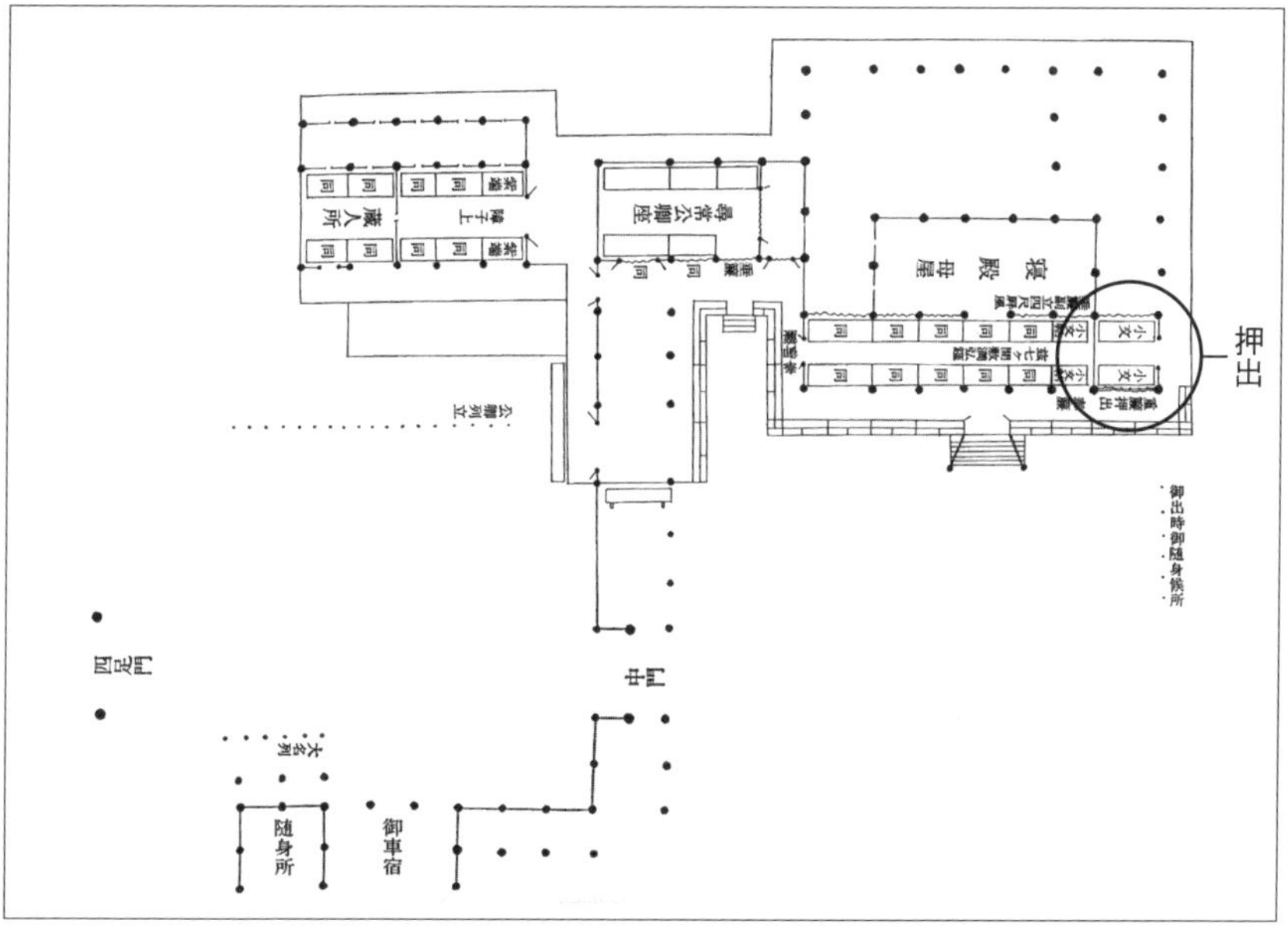

図76　室町殿（18世紀後半、裏松固禅『院宮及私第図』、東京国立博物館蔵より作成）
藤田勝也によれば、複数の図を勘案して作成された

図77　「源氏物語手鑑」花宴（和泉市久保惣記念美術館蔵）

せない（図77）。十八世紀に絵画化された『類聚雑要抄指図巻』（東京国立博物館蔵）に示された打出も、中世絵巻に示された袖口がふくらんだ姿とは異なる（図67・69）。打出の装束自体も薄く小さくなる。

　平安時代の高貴な女性たちは、その姿をあらわにみせることはしなかった。しかし、行事の空間において、自らの着用した装束によって、建築空間に存在を表すことができた。女性の空間の境界を越境し、打出によって存在を示したのである。男性たちは、その存在を許容し、男女は、ひとつの場を共有した。しかしその打出が消えてゆく。

建具の変容

　打出という装飾は、なぜ消失したのだろうか。ひとつの要因には、建具の変化がある。打出は、基本的に柱間に設置されるが、引き違いの襖障子《ふすましょうじ》の発達により、はねあげの格子が姿を消してゆく。そうすると、打出を置く場所がなくなるのである。

　調度による舗設の時代による変容を、光源氏が空蝉《うつせみ》を垣間みる場面からみてみよう。男が女を垣間みる場面は、源氏物語絵をはじめ、伊勢物語絵などの恋物語に描かれ、受容された。

帚木《ははきぎ》巻、若き光源氏は、中川の紀伊守邸での方違《かたたが》えの際、寝泊まりしていた伊予介の若妻（空蟬）と契りを結ぶ。光源氏は、後日、小君の手引きで、空蟬と軒《のき》端荻《ばのおぎ》が碁を打つ姿を垣間みる。国文学者・吉海直人は、空蟬は光源氏の視線に気がつきながらも、気がつかないふりをしていることを指摘する。

光源氏は、どの場所から二人を垣間みたのだろうか。光源氏を、東側の妻戸の前に立たせると、小君は南側の隅の間から格子を音高くたたいて上げて室内に入った。源氏はそのすきに、簾のはさまに入った。格子をまだ鎖《とざ》していないので、隙間を見るに、西方向が見通せる。

母屋の中柱の近くに控える空蟬は、濃い綾の単《ひとえ》がさねの小さな人で、手などは痩せていて、外からみえないように自らを隠して控えめにしている。これに対し、軒端荻は、大らかに身体をみせて、色白で丸々太った背の高いはでやかな容貌である。そこに、小君が出てくる気配がしたので、源氏はそっと簾の隙間から出て、渡殿の戸口に寄りかかった。

『源氏物語』の受容は、絵画とともになされ、今日まで数多くの源氏物語絵が現存している。『源氏物語』は成立後、時を隔てずに絵画化が始まったとされ、その後、近世、近代に至るまで描き継がれている。源氏物語絵の変化に、その時代の空間表象の変容が映し出されるのである。

十六世紀初頭の「源氏物語画帖」（ハーヴァード大学美術館蔵）の空蟬巻では、開放的な空間に、母屋と廂の構成を想起させる、寝殿造の様相が受け継がれている（図78）。本文に書かれた折りたたまれた屏風や几帳も表現されている。

十七世紀初頭に制作された、土佐光吉筆「源氏物語画帖」（京都国立博物館蔵）は、つがいの白鶴が描かれた金碧《きんぺき》の襖障子で仕切られた近世風の室内となり、襖障子で仕切られた部屋に、空蟬たちが座る（図79）。秋草が描かれた金碧の屏風

図78　「源氏物語画帖」空蟬（土佐光信筆、ハーヴァード大学美術館蔵）

図79　「源氏物語画帖」空蟬（土佐光吉筆、京都国立博物館蔵）

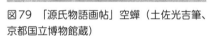

があり、畳は床一面に敷き詰められているのは、絵が描かれた当時の近世における上層住宅の投影である。

　十七世紀後半制作とされる「源氏物語団扇画帖」（国文学研究資料館蔵）では、光源氏が簀子に立ち、柱と格子の隙間から室内を見る様が描かれている。ただ、格子が上にはねあげる形ではなく、横に引く引違《ひきちが》い戸となっている（図80）。格子による引戸は、寺院建築の内陣と外陣を仕切る建具にみられる。近世においては、建具をはねあげるよりも引くことのほうが身近であったのかもしれない。

図80　「源氏物語団扇画帖」空蝉（国文学研究資料館蔵）

図81　「源氏物語絵巻」空蝉（国文学研究資料館蔵、19世紀）

　十九世紀制作、浮田一蕙《いっけい》筆「源氏物語絵巻」（国文学研究資料館蔵）は、光源氏が黒塗の格子と御簾の間に入り込んでいる様子が描かれている（図81）。本文に書かれた「御簾のはさま」を表現しており、興味深い。江戸時代後期に

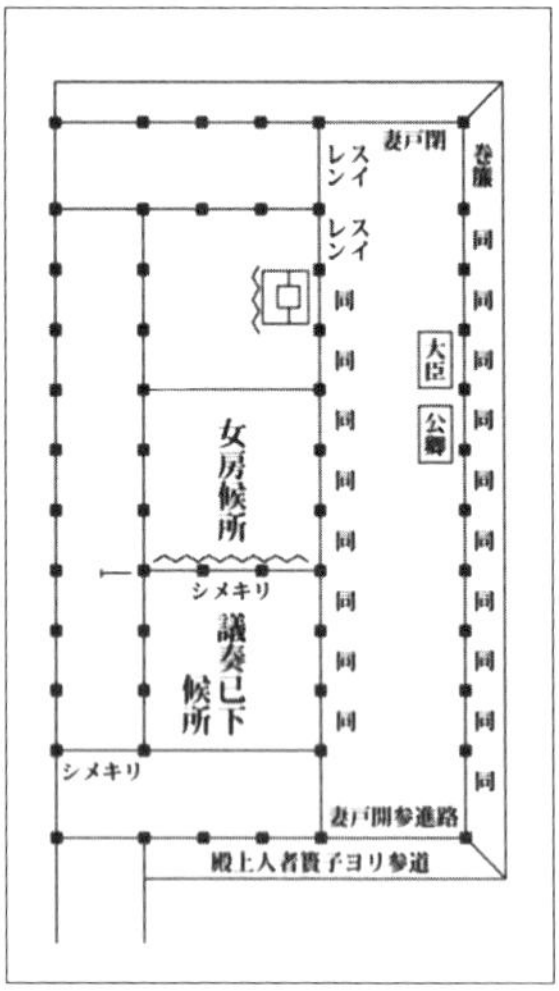

右：図82　寛政４年（1792）４月28日　内裏小御所管弦の舗設図（藤岡通夫『京都御所』）
左：図83　『うつほ物語絵巻』（国文学研究資料館蔵）17世紀　襖障子で仕切られた空間

なると、寝殿造の古式へと復古する絵もみられるのである。

江戸時代後期、天皇の住まいの小御所で実際に管弦を聴いた際にも、女房の座は襖障子で仕切られている（図82）。そこでは、建築空間の境界は締め切られ、女性の装束が越境することはすでになかった（図83）。

奥向きの確立

打出の消失は、女性が主催する行事が建物の奥向きで開催されるようになり、男性がそこに参加しなくなったことが要因のひとつにある。

平安時代は、基本的に、ひとつの殿舎を、南と北に大別し、儀式と生活を展開した。儀式は南庭に向けて、庭と一体に開催された。儀式空間において、后や女院、北の方と女房の居場所は、さまざまな場所から見えるように、打出によって装飾された。開放的な空間を、調度によって仕切るフレキシブルな空間は、打出と几帳によって、女性の座を創りだした。

中世以降、寝殿を南と北に並戸《なむと》で区切り、北面を生活の空間とし

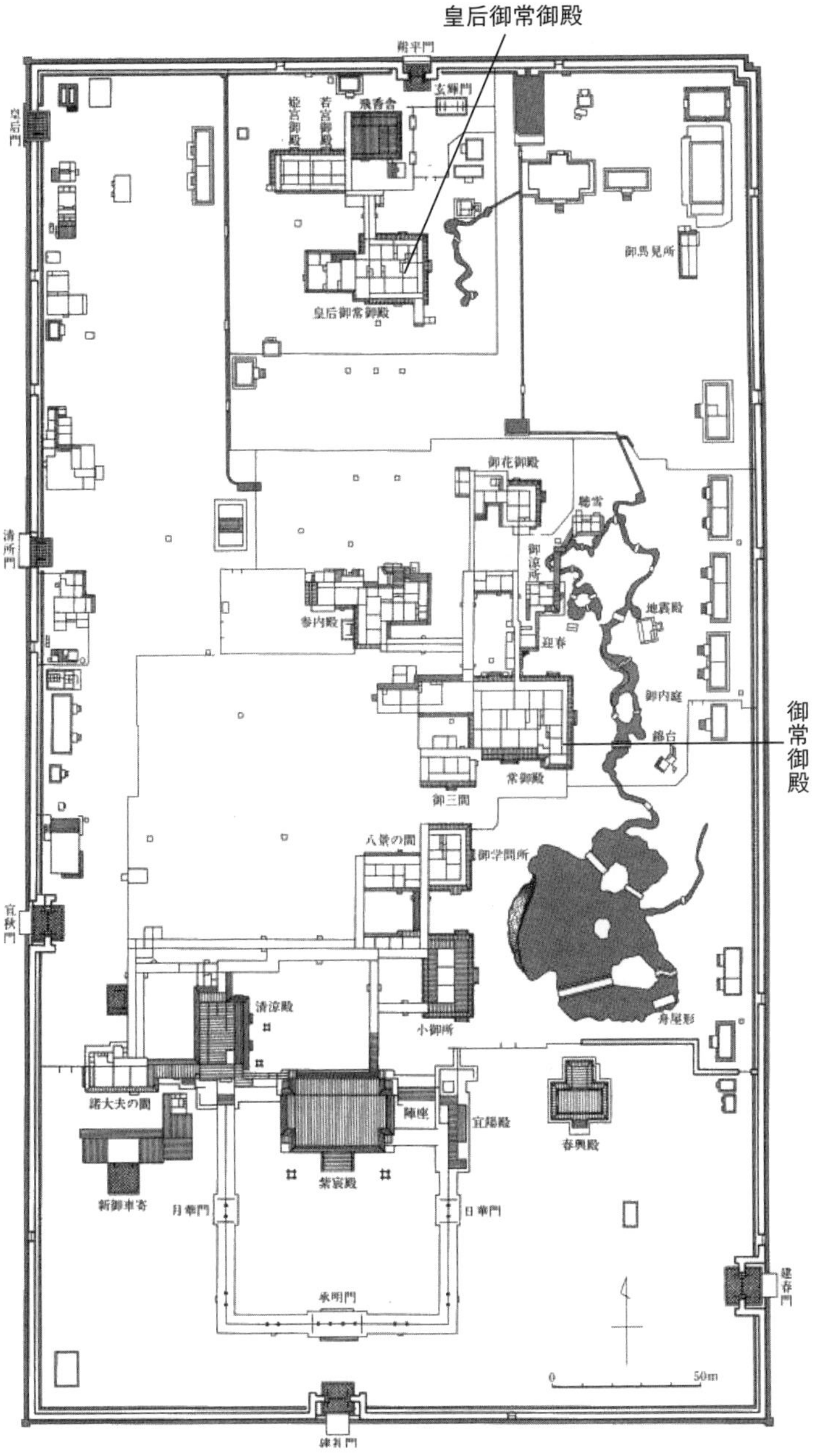

図84　京都御所配置図（藤岡通夫『京都御所』）

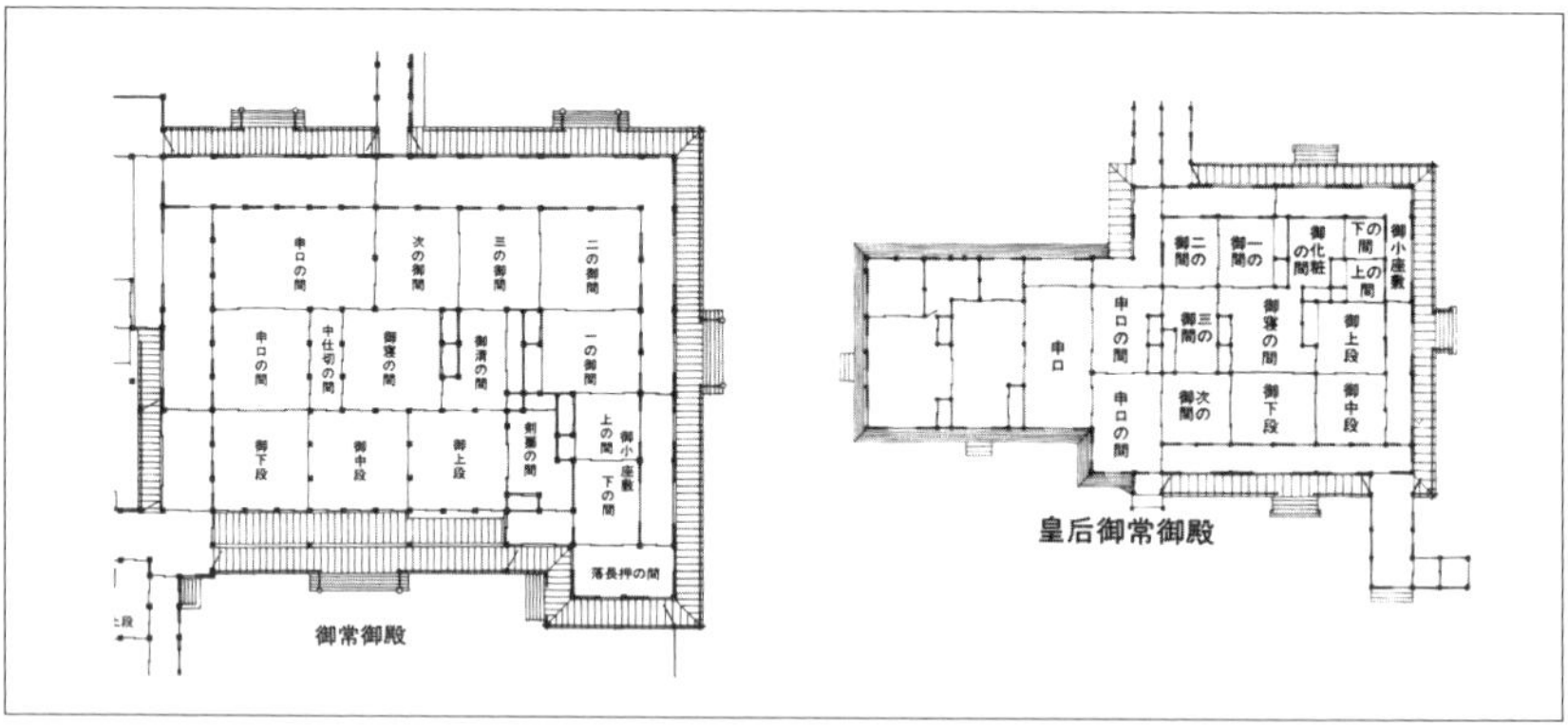

図85　御常御殿　皇后御常御殿（藤岡通夫『京都御所』）

て使用する。

寝殿は儀式空間として存続するものの、生活のための小御所や御常御殿《おつねごてん》が造られ、遊興を催す会所が成立する。表と奥に生活の機能が分化されると、女性の儀式の場は奥向きに展開するようになる。

こうした変容過程は、現存する京都御所をみるとわかりやすい。京都御所内に建つ、紫宸殿、清涼殿は、建築の軒高や組物などに、江戸時代の構法が混在しているものの、平面形式は寝殿造の様相を目指している。

しかし、江戸時代末期において、天皇・皇后の実際の生活は、御常御殿・皇后御常御殿で営まれた（図84）。御常御殿は、襖障子で仕切り、畳を敷き詰めた江戸時代の居住空間であった。天皇の対面空間の背後に、トコ・棚を配さず、剣璽《けんじ》の間を背に入口に帳台構《ちょうだいがまえ》▲が置かれるのは、天皇の御殿としての格式を示している（図85）。皇后御常御殿は、天皇の御常御殿よりも奥向きに建っており、后や女官たちの行事は基本的に奥向きで営まれた。近世の御殿においては、女性たちは装束によって、自らの場所を男性に示す意識がなくなるのである。

近世に描かれた物語絵のなかで、打出はほとんど描かれなくなる。十六世紀に三条西実隆の周辺で制作され、土佐光信が描いた「源氏物語画帖」

（ハーヴァード大学美術館蔵）において、紫の上が二条院で催した法華経供養において、紫の上の居場所として描かれている程度である（図86・87）。

打出は、平安時代後期までは、御簾の外に装束の袖口をのぞかせていたものが、院政期にかけて華やかになり、人が不在の室内装飾へと転じ、室町時代後期にかけて姿を消していった。

それに代わり、襖障子や外回りの杉戸などの建具が発達する。素地である寝殿造の建築に、打出の装束は、色鮮やかな華やかさを演出するとともに、空間の境界を創出する機能があった。中世後期以降、襖障子の発展により、色鮮やかな金

帳台構 書院造の上段の間にあり、多くは床の間の向かって右側に設けられる。敷居を一段高く、鴨居を低くし、襖は中央から左右に引きわける。引き手には大きな緋総《ひぶさ》を下げる。寝殿造りの寝所の入口が装飾化したもの。

図86 「源氏物語画帖」蛍（土佐光信筆、ハーヴァード大学美術館蔵）

図87 「源氏物語画帖」御法（土佐光信筆、ハーヴァード大学美術館蔵）

図88　園城寺光浄院客殿　中世的要素と近世的要素が融合する御殿

図89 「朝儀図屏風」（茶道資料館蔵）　土佐光起筆　内侍が扇で顔を隠し、儀式を執行している

碧や瀟洒な美しさのある水墨画や唐紙が現れる（図88）。建築空間は、天井・欄間・建具などで、包みこまれるように装飾され、儀式空間は室内に内包されてゆく。

もう一つの要因として、女院・后妃・斎院などの公的な女性の地位が消失し、儀式空間に女性の座が失われる。天皇の后妃は、正配（皇后・中宮・女御）の冊立《さくりつ》が室町時代になくなり、近世まで断絶する。また、天皇の儀式の重要な役割を担っていた女性の存在が宮中に限られるようになる（図89）。女性が着用する装束は、柔《なえ》装束から強《こわ》装束▲、小《こ》袖《そで》▲へと変容する。それは寝殿造でかつて展開した文化が変容する一側面を照らし出しているのではないだろうか。

図90　女房が着用した打出の再現　古代・中世には、写真よりも袖口がふくらんでいたものと想定される。

強装束　公家の装束の、地質が堅地で、絹地に糊を引き、冠帽類に漆を厚く塗る強く張った着装様式。平安末から流行。

小袖　装束類の大袖や広袖に対する、袖口が詰まった小形の袖の衣服で、前身《まえみ》頃《ごろ》のうち、左側が右側の上に重なり（左右は、特に向かってとことわらない限り衣服自体の左右）、よく重なり合うために衽《おくみ》がつき、襟《えり》は首のところから右下方（下前は左下方）に向かって斜めにつく。武家階級の台頭と社会の変動によって下級階級の衣服が上昇して来て、元来は粗末な一枚着であった小袖が次第に上質の表着となる。応仁・文明の乱（一四六七—七七年）を境として一元化し、日本の服装は小袖形式に変わる。そして、桃山・江戸時代に至り小袖は極限まで発達し、今日の「きもの」の母体となる。（神谷栄子）

おわりに

装束がこぼれ出ること、それは御簾の内側に座る女性の存在を暗示した。ひとつの宮廷に皇后・中宮・キサキが立ち、姉妹同士が一緒に行事に参加するとき、御簾からこぼれ出た装束は、女房たちの創意の場であり、主人の趣味や財力を示す場であった。それは、装飾として打出《うちいで》の飾りの成立につながっていくが、近世にかけて、存在が薄れていく。

『源氏物語』の世界に憧れを抱いた菅原孝標女《すがわらのたかすえのむすめ》の手による『更級日記』に注目しよう。孝標女の母が、初瀬《はつせ》に代参させた僧が夢見た話しをする。若い孝標女は、とりあおうとはしない。

「「この影を見れば、いみじう悲しな。これ見よ」とて、いまかたつ方にうつれる影を見せたまへば、御簾ども青やかに、几帳おし出でたる下より、いろいろの衣こぼれ出で、梅咲きたるに、鶯、木づたひ鳴きたるを見せて、「これ見るはうれしな」とのたまふとなむ見えし」と語るなり。いかに見えけるぞとだに耳もとどめず。

晴れがましい女性の空間　内裏を象徴する景色とする指摘がある（福家俊幸『更級日記全注釈』、角川学芸出版、二〇一五年）

几帳の下から、色とりどりの出衣《いだしぎぬ》がこぼれ出ている様は、僧侶や母が娘に理想を描く、晴れがましい女性の空間の象徴であった。今日私たちは、王朝物語絵によって、男性のまなざしとともに、かつての女性たちの文化的発露を見出すことができる。

私たちの生活は日々、刻々と変化を遂げている。物語絵は、私たちの生活の過渡的で、複合的な状況を捉えている貴重な史料である。ひとつの柱、敷物、仕切られた襖、御簾から打ち出された女性の装束にも、絵を作らせ、描き、鑑賞した人々の意識や無意識の感覚がこめられている。私たちは、すでにそれらを何気なく感じ取っている。鑑賞者の知識が深まるたびに、物語絵は多くのことを教えてくれる。

あとがき

本書の一部は、国文学資料館国際共同研究「境界をめぐる文学——知のプラットフォーム構築をめざして」(二〇一五～二〇一七年度)を基にする。

二〇一五年の夏に、コロンビア大学ハルオ・シラネ先生より、「日本の建築空間の境界」というテーマでお話をいただいて、研究会に参加させていただいた。研究会では、ブリティシュ・コロンビア大学のクリスティーナ・ラフィン先生が、近年の境界研究の視点(Gabriel Popescu を例として)を発表してくださった。以下に引用させていただく。

境界化は、社会のはじめから跡づけられる人間古来の行為である。この事実は、境界は人間社会が長きにわたって獲得してきたものであることを意味し、境界化は人間にとって生得的な性質なのだということになる。〔中略〕

境界は、第一にまずもって権力に関わるものである。境界を作ることとは、空間に区別を記すことによって、空間を支配するための差異を用いた権力の戦略である。〔中略〕

誰がどこに所属するのか、誰が内部の者で誰が外部であるか、誰が我々の一部で、誰が他者の一部であるのか。〔中略〕境界化とは、人間の空間における行動を規制することによって、人間の空

間的なあり方を組織化する方法である。境界化は空間の秩序化の方法であり、人間の空間の専有の過程の両面なのである。［中略］

Border studies の新しいアプローチとして示されるのは、境界化の過程である。境界は完成されることがなく、常に作られつつあるものであり、常に想像され、再想像されるものである。なぜ、どのように、誰によって境界が立ち上げられたのか。境界があることによって、誰の利益になり、誰の不利益になるのか。境界は人々の心にどのような意味をもたらすのか、そして人々はどのように境界の複数の意味を捉えるのか――［後略］

(Gabriel Popescu, *Bordering and Ordering the Twenty-first Century: Understanding Borders*, Lanham: Rowman and Littlefield Publishers, Inc., 2012).

（和訳＝Christina Laffin）

こうした視点を、日本住宅史に置き換えれば、美しく魅力的に語られがちな日本建築の各部位にも、かつてそこで生きる人々にとって逃れることができない、固く厳しい境界が存在した。時に、遊興や芸能の場で、世俗の境界を乗り越えようとすることは、大きな事象であったのだと、あらためて感じる。

打出については、鈴木敬三氏、笹岡要一氏、野田有紀子氏、近年では、吉住恭子氏、周成梅氏等の文献史学からの精緻な研究がある。本書では十分にとりあげることができなかった面もあるので、さらにご興味をお持ちの方は、合わせてご参照いただけたら幸いである。

また、国際服飾文化学会、平安京の〈居住と住宅〉研究会、日本建築学会近畿支部建築史部会、サントリー文化財団「「知」の試み研究会（山崎塾）」で、発表させていただいた。ご教示を賜った皆様に、感謝を申し上げたい。

史資料上の翻刻と解釈について、坂口太郎氏、佐藤全敏氏、中村健太郎氏、樋笠逸人氏、誉田慶信氏、宮武実知子氏にご助力をいただいた。

そして、学生時代よりご指導いただいた先生方、研究会でごいっしょしている方々、皆様に心から感謝するとともに、成果を公刊する機会をくださった国文学研究資料館の皆様に厚く御礼申し上げます。

二〇一九年一月

赤澤真理

本書は、JSPS科研費・24860064（研究活動スタート支援、二〇一二～一三年度）、26820276（若手研究B、二〇一四～一七年度）、18K04549（基盤研究C、二〇一八～二一年度）、サントリー文化財団、大林財団、岩手県立大学の助成研究の一部である。

参照文献一覧

本文・現代文は、左記より引用した。
『源氏物語』全六巻（新編日本古典文学全集、小学館、一九九七年）
『枕草子』（新編日本古典文学全集、小学館、一九九七年）
『栄花物語』全三巻（新編日本古典文学全集、小学館、一九九七年）
『うつほ物語』全三巻（新編日本古典文学全集、小学館、一九九六年）
『和泉式部日記　紫式部日記　更級日記　讃岐典侍日記』（新編日本古典文学全集、小学館、一九九四年）
『建礼門院右京大夫集　とはずがたり』（新編日本古典文学全集、一九九九年）
『袋草紙』（新日本古典文学大系、岩波書店、二〇〇五年）
小原幹雄・錦織周一・吉川隆美・稲村榮一『たまきはる全注釈』（笠間書院、一九八三年）
清田倫子『宮廷女流日記文学の風俗史的研究』（中央公論事業出版、一九八一年）
『中右記』全七巻（臨川書店、二〇〇一年）
『玉葉』全三巻（名著刊行会、一九七一年）
『長秋記』全二巻（臨川書店、一九六五年）
『山槐記』全三巻（臨川書店、一九六五年）
『兵範記』（臨川書店、一九六五年）
『勘仲記』（臨川書店、一九六五年）
『広義門院御産愚記』（『公衡公記』3、続群書類従完成会、一九七四年）
『花園天皇宸記』（続群書類従完成会、一九八六年）
頭注は、ジャパンナレッジを参照した（『日本国語大辞典第二版』、小学館、二〇〇〇～〇二年／『国史大辞典』、吉川弘文館、一九七九～九七年／『全文全訳古語辞典』、小学館、二〇〇四年／『改訂新版 世界大百科事典』平凡社、二〇一四年）等）。

日本住宅史に関する文献

平井聖『日本住宅の歴史』（NHKブックス、一九七四年）
藤岡通夫『京都御所新訂』（中央公論美術出版、一九八七年）
朧谷寿・加納重文・高橋康夫編『平安京の邸第』（望稜叢書、一九八七年）
池浩三『源氏物語――その住まい世界』（中央公論美術出版、一九八九年）
川本重雄・小泉和子『類聚雑要抄指図巻』（中央公論美術出版、一九九八年）

川上貢『中世日本住宅の研究』（中央公論美術出版、二〇〇二年）
藤田勝也『日本古代中世住宅史論』（中央公論美術出版、二〇〇三年）
秋山喜代子『中世公家社会の空間と芸能』（山川出版社、二〇〇三年）
飯淵康一『平安時代貴族住宅の研究』（中央公論美術出版、二〇〇四年）
川本重雄『寝殿造の空間と儀式』（中央公論美術出版、二〇〇五年）
『シリーズ都市・建築・歴史3　中世的空間と儀礼』（東京大学出版会、二〇〇六年）
小沢朝江・水沼淑子『日本住居史』（吉川弘文館、二〇〇六年）
藤田勝也『裏松固禅「院宮及私第図」の研究』（中央公論美術出版、二〇〇七年）
川本重雄「寝殿造の中の女性の空間」（歴博、NO一五一、二〇〇八年）
太田静六『寝殿造の研究　新訂』（吉川弘文館、二〇一〇年）
飯淵康一『続平安時代貴族住宅の研究』（中央公論美術出版、二〇一〇年）
『奈良文化財研究所学報第86冊研究論集17　平安時代庭園の研究――古代庭園研究Ⅱ』（二〇一一年）
玉腰芳夫『すまいの現象学――玉腰芳夫建築論集』（中央公論美術出版、二〇一三年）
満田さおり「平安宮内裏における御簾の用法」（『紫苑』一一号、二〇一三年）
加藤悠希『近世・近代の歴史意識と建築』（中央公論美術出版、二〇一五年）

打出に関する文献

鈴木敬三「打出」（『国史大辞典』、吉川弘文館、一九七九～九七年）
あかね会編『平安朝服飾百科辞典』（講談社、一九七五年）
清田倫子『宮廷女流日記文学の風俗史的研究』（中央公論事業出版、一九八一年）
服藤早苗編『王朝の権力と表象――学芸の文化史』（森話社、一九九八年）
五島邦治監修・風俗博物館編『源氏物語六条院の生活』（宗教文化研究所、一九九八年）
笹岡洋一「『雅亮装束抄』の周辺――かさね・打出」（『風俗史学』二五号、二〇〇三年）

野田有紀子「行列空間における女性——出車を中心に」（『古代文化』五六号、二〇〇四年）

野田有紀子「平安貴族社会における「襲の色目」」（『「対話と深化」の次世代女性リーダーの育成「魅力ある大学院教育」』平成十八年度活動報告書、お茶の水女子大学、二〇〇六年）

吉住恭子「「打出」——女房装束による美の演出とその歴史的変遷」（『瞬時をうつすフィロソフィー風俗絵画の文化学Ⅲ』、思文閣出版、二〇一四年）

吉住恭子「藤原頼長の見た「打出」——その日記『台記』を中心に」（『京都女子大学大学院文学研究科紀要』一四号、二〇一五年）

周成梅「寝殿造における女房装束の打出」（『史学研究』二八六号、広島大学、二〇一四年）

京樂真帆子『牛車で行こう！——平安貴族と乗り物文化』（吉川弘文館、二〇一七年）

平安文学・文化史に関する文献

峯岸義秋『歌合の研究』（三省堂出版、一九五四年）

『歌合集』（日本古典文学大系、岩波書店、一九七一年）

「光源氏・六条院の考証復元」復元：大林組プロジェクトチーム、監修：玉上琢彌（『季刊大林』三四号、一九九一年）

『平安時代史事典』（角川書店、一九九四年）

萩谷朴『平安朝歌合大成』全五巻（同朋舎出版、一九九五年）

古瀬奈津子『日本古代王権と儀式』（吉川弘文館、一九九八年）

千野香織・池田忍・亀井若菜「ハーヴァード大学美術館蔵「源氏物語書帖」をめぐる諸問題」（『国華』一二二二号、一九九七年）

岩佐美代子『宮廷女流文学読解考中世編』（笠間書院、一九九九年）

メリッサ・マコーミック「ハーヴァード大学美術館蔵「源氏物語画帖」と『実隆公記』所載の「源氏絵色紙」」（『国華』一二四一号、一九九九年）

鈴木一雄・池浩三・倉田実編『源氏物語の鑑賞と基礎知識——空蝉』（至文堂、二〇〇〇年）

佐野みどり『アートセレクション じっくりみたい源氏物語絵巻』（小学館、二〇〇〇年）

河田昌之・船木佳代子『和泉市久保惣記念美術館 駒競行幸絵巻研究』（和泉市久保惣記念美術館、二〇〇一年）

岩佐美代子『宮廷文学のひそかな楽しみ』(文春新書、二〇〇一年)
田渕句美子「歌合の構造——女房歌人の位置」(兼築信行・田渕句美子編『和歌を歴史から読む』、笠間書院、二〇〇二年)
倉田実編『王朝文学と建築・庭園』(竹林舎、二〇〇七年)
小野正敏・五味文彦・萩原三雄編『宴の中世——場・かわらけ・権力』(高志書院、二〇〇八年)
国文学研究資料館編『源氏物語 千年のかがやき——立川移転記念特別展示図録』(思文閣出版、二〇〇八年)
五島美術館編(四辻秀紀・名児耶明・稲本万里子・鷲頭桂『国宝源氏物語絵巻開館五十周年記念特別展』(五島美術館、二〇一〇年)
丸山裕美子『清少納言と紫式部——和漢混淆の時代の宮の女房』(山川出版、二〇一五年)
松本寧至『中世宮廷女房日記『とはずがたり』の世界』(中公新書、一九八六年)
森田直美『平安朝文学における色彩表現の研究』(風間書房、二〇一一年)
西山良平・藤田勝也『平安京と貴族の住まい』(京都大学学術出版会、二〇一二年)
吉川真司『律令官僚制の研究』(塙書房、二〇一三年)
西山良平・鈴木久男・藤田勝也『平安京の地域形成』(京都大学学術出版会、二〇一六年)
河田昌之「「駒競行幸絵巻」の主題について」(加藤静子・桜井宏徳編『王朝歴史物語の構想と展望』、新典社、二〇一五年)

境界に関する研究

伊藤ていじ『古都のデザイン 結界の美』(淡交社、一九六六年)
垂水稔『結界の構造——一つの歴史民俗学的領域論』(名著出版、一九九〇年)
柏木博『「しきり」の文化論』(講談社現代新書、二〇〇四年)
山本陽子『絵巻における神と天皇の表現』(中央公論美術出版、二〇〇六年)
隈研吾『境界——世界を変える日本の空間操作術』(淡交社、二〇一〇年)
藤井恵介「夢見と仏堂——その礼堂の発生に関する試論」(『空間史学叢書1 痕跡と叙述』、岩田書院、二〇一三年)
山崎正和『装飾とデザイン』(中公文庫、二〇一五年)

永友貴博・野村俊一「『石山寺縁起絵巻』にみる御帳とその空間施入と参籠を中心に」（日本建築学会学術講演梗概集、建築歴史意匠、二〇一七年）

本書における既発表論文

森田直美・赤澤真理・伊永陽子「『源氏物語』の住文化とその受容史に関する研究——理想の住空間としての建築・しつらい・作庭」（『住宅総合研究財団研究論文集』三七号、二〇一一年）

赤澤真理「歌合の場——女房の座を視点として」（『陽明文庫王朝和歌集影』、勉誠出版、二〇一二年）

赤澤真理「女房装束の打出にみる寝殿造のしつらい——『栄花物語』を中心に」（『日本建築学会近畿支部研究報告集 計画系』、二〇一三年）

赤澤真理「『中右記』にみる打出による空間演出とその性格——女房装束にみる寝殿造のしつらい」（『日本建築学会大会学術講演梗概集 建築歴史意匠』、二〇一三年）

赤澤真理「楽奏の場としての平安建築——『うつほ物語』『源氏物語』に示された御遊の空間構成」（『アジア遊学 一七〇 東アジアと音楽文化』、勉誠出版、二〇一四年）

赤澤真理「近世源氏物語絵に示された王朝の世界——住吉具慶筆「源氏物語絵巻」（MIHO MUSEUM蔵）にみる貴族住宅・洛外・遊興の表現を通して」（『空間史学叢書2 装飾の地層学』、岩田書院、二〇一五年）

赤澤真理・伊永陽子・田村隆・森田直美「宮内庁書陵部蔵『源氏類聚抄』（2）帚木翻刻・解題」（『総合文化研究所紀要』三三号、同志社女子大学、二〇一六年）

赤澤真理「建築空間の境界と打出の装束——附・宮内庁書陵部蔵『女房装束打出押出事』翻刻」（『国文学研究資料館紀要文学研究篇』四四号、二〇一八年）

赤澤真理（Miriam McCONNELL 翻訳）"The Borders of Shindenzukuri "Inside" and "Outside" as Staged by Uchi'ide, *Studies in Japanese Literature and Culture Center for Collaborative Research on Pre-Modern Texts*, National Institute of Japanese Literature (NIJL), National Institutes for the Humanities, 2018

図38　京都御所清涼殿（『日本建築史図集』彰国社、2011年）

図39　「春日権現験記絵 模本」 前田氏実・永井幾麻筆　東京国立博物館蔵　Image: TNM Image Archives

図40〜44・46　筆者撮影

図45　えさし藤原の郷蔵

図47　右京六条一坊五町復原図　京都リサーチパーク蔵（京都市埋蔵文化財研究所協力）

図48　浅野清『奈良時代建築の研究』（中央公論美術出版、1969年）より作図

図50・67・69 「類聚雑要抄指図巻」 東京国立博物館蔵　Image: TNM Image Archives

図56・61　笹川智美作図

図58　天徳四年内裏歌合想定図　京都文化博物館蔵

図63　『長秋記』（『増補史料大成』、臨川書店、2001年）より

図64・65　『兵範記』（『増補史料大成』、臨川書店、1965年）より

図66・68 「類聚雑要抄」 東京国立博物館蔵

図70　『山槐記』（『増補史料大成』、臨川書店、1965年）

図71　太田静六『新訂 寝殿造の研究』（吉川弘文館、2010年）より

図72　「広義門院御産愚記」（『公衡公記３』、続群書類従完成会、1974年）より

図73　『花園天皇宸記』（続群書類従完成会、1986年）より

図74　川上貢『中世日本住宅の研究』（中央公論美術出版、2002年）より

図75　『勘中記』（『増補史料大成』、臨川書店、1965年）より

図76　「院宮及私第図」（東京国立博物館蔵）より作図

図77　「源氏物語手鑑」土佐光吉筆　和泉市久保惣記念美術館蔵

図78・86・87 「源氏物語画帖」土佐光信筆　ハーバード大学美術館蔵　Harvard Art Museums/Arthur M. Sackler Museum, Bequest of the Hofer Collection of the Arts of Asia. Photo: President and Fellows of Harvard College

図79　「源氏物語画帖」土佐光吉筆　京都国立博物館蔵

図82　藤岡通夫『京都御所新訂』（中央公論美術出版、1987年）より作図

図83　「うつほ物語」 国文学研究資料館蔵

図84・85　藤岡通夫『京都御所新訂』（中央公論美術出版、1987年）より

図88　総本山園城寺蔵

図89　「朝儀図屏風」 土佐光起筆　茶道資料館蔵

図90　協力：榎戸由樹（仙台市市民文化事業団）、武田富枝（民族衣裳文化普及協会）、渡邊博一撮影（2019年2月11日、日立システムズホール仙台、歴史総合イベント 雅コレクション〜王朝文化への誘い〜）

掲載図版一覧

図１・10・23・24・49　「源氏物語絵巻」　徳川美術館蔵　Ⓒ徳川イメージアーカイブ／DNPartcom
図２・15　「駒競行幸絵巻」　和泉市久保惣美術館蔵
図３・62・81　「源氏物語絵巻」　浮田一蕙筆、国文学研究資料館蔵
図４　「三十六歌仙斎宮女御」（京都文化博物館開館ポスター、『京都文化博物館30周年記念 平安博物館回顧展――古代学協会と角田文衛の仕事』、公益財団法人古代学協会、京都文化博物館、2018年、より）
図５・９・22　「紫式部日記絵巻 日野原家本」から作図
図６　「小野雪見御幸絵巻」　東京藝術大学美術館蔵
図７・36　風俗博物館蔵
図８　「女房装束打出押出之事」　宮内庁書陵部蔵（『万機井蛙』60）
図11　「扇面法華経冊子」　四天王寺蔵
図12・13・14・18　「年中行事絵巻」（田中家蔵）より作図
図16　「補定駒競行幸絵巻」　狩野晴川院筆　東京国立博物館蔵　Image: TNM Image Archives
図17・19・20・51・52・80　「源氏物語団扇画帖」　国文学研究資料館蔵
図21　「紫式部日記絵巻」　五島美術館蔵
図25・53〜55・57・59・60　筆者作図
図26　「源氏物語人々居所」　東海大学桃園文庫蔵
図27　『十帖源氏』　国文学研究資料館蔵
図28　『家屋雑考』　筑波大学附属図書館蔵
図29　『源氏類聚抄』　宮内庁書陵部蔵　図像は国文学研究資料館提供
図30　東三条殿模型　国立歴史民俗博物館蔵
図31　六条院の想定図　池浩三『源氏物語――その住まい世界』（中央公論美術出版、1989年）より
図32　六条院全体配置図（復元：大林組）
図33　寝殿の模型（池浩三『復元の日本史 王朝絵巻――貴族の世界』、毎日新聞社、1990年、より）
図34　六条院東南の画（復元：大林組、画：穂積和夫）
図35　「源氏物語絵巻」　MIHO MUSEUM 蔵
図37　宇治市源氏物語ミュージアム蔵

赤澤真理（あかざわまり）
1979年、京都府生まれ。日本工業大学大学院工学研究科建築学専攻博士後期課程修了。博士(工学)。現在、岩手県立大学盛岡短期大学部生活科学科生活デザイン専攻講師。専攻、日本建築史・日本住宅史。著書に、『源氏物語絵にみる近世上流住宅史論』（中央公論美術出版、2010年）、『空間史学叢書2　装飾の地層』（共著、岩田書院、2015年）、『住吉如慶筆　伊勢物語絵巻』（共著、思文閣出版、2019年）などがある。2012年日本建築学会奨励賞、2013年文部科学大臣表彰若手科学者賞。

ブックレット〈書物をひらく〉19
御簾の下からこぼれ出る装束
王朝物語絵と女性の空間

2019年3月13日　初版第1刷発行

著者　赤澤真理
発行者　下中美都
発行所　株式会社平凡社
〒101-0051　東京都千代田区神田神保町3-29
電話　03-3230-6580（編集）
03-3230-6573（営業）
振替　00180-0-29639
装丁　中山銀士
DTP　中山デザイン事務所（金子暁仁）
印刷　株式会社東京印書館
製本　大口製本印刷株式会社

©AKAZAWA Mari 2019 Printed in Japan
ISBN978-4-582-36459-0
NDC分類番号521.3　A5判（21.0cm）　総ページ120

平凡社ホームページ　http://www.heibonsha.co.jp/

落丁・乱丁本のお取り替えは直接小社読者サービス係までお送りください（送料は小社で負担します）。